직장인의
코인 안전 투자
가이드

직장인의
코인 안전 투자
가이드

차세대 금융 기법 (DeFi) 활용

박재형, 김진수 지음

금융소득이 근로소득을 넘어서게 해 주는, 직장인 필독서”

좋은땅

코인에 투자한다고 하면, 많은 이들이 "대박 났어?" 혹은 "그거 위험하지 않아?"라고 묻곤 한다. 사실 그런 반응이 나올 만도 하다. 방송 매체와 기사에서 토큰과 다단계 피해사례 같은 부정적인 사건들이 종종 다루어지고 있기 때문이다. 이러한 사건들은 오랜 시간 동안 계속되어 왔고, 아직도 많은 사람들이 코인 투자로 인해 어려움을 겪고 있다. 특히 젊은 세대 사이에서는 큰 수익을 꿈꾸며 코인으로 시간을 보내는 경우가 많다고 들었다.

투자는 결국 깊이 있는 지식과 철저한 준비가 필요하다고 생각한다. 코인 시장에 투자할 때는 특히 더 그렇다. 부동산이나 주식 투자를 시작할 때도 마찬가지다. 이미 부동산이나 주식 투자에서 성공을 경험한 사람들조차도 코인이라는 새로운 분야에는 신중해야 한다. 왜냐하면 코인 시장은 그만큼 공부할 것이 많고, 변동성이 크며, 예측하기 어려운 요소들로 가득하기 때문이다.

또한 대한민국의 대표 직장인으로서, 나는 우리 직장인들이 마주하고 있는 경제적 현실을 누구보다 잘 알고 있다. 급여만으로는 삶의 한계를 경험하고, 아무리 높은 급여라 해도 그것이 평생 지속될 것이라는 보장은 없다. 직장인들은 어느 순간 없어질 근로소득을 대처할 자본소득을 준비해 놓아야 하는 현실에 마주하고 있다.

이러한 상황에 디파이(DeFi)를 통한 재테크를 솔루션으로 제시한다. 디파이(DeFi)는 직장인에게 근로소득을 자본소득으로 전환하는 효과적인 방법이라고 생각하기 때문이다. 디파이(DeFi)를 통해 형성된 자본소득은 다시금 개인이 진정으로 열정을 느끼는 일에 더 많은 시간과 자원을 할애할 수 있게 만든다.

나는 2016년에 비트코인을 접하고, 이후 2018년부터는 DeFi, 즉 Decentralized Finance라는 차세대 금융 기법에 주목하며 공부하고 투자해왔다. 그래서 오랫동안 실천해 온 디파이(DeFi) 투자 방법을 친구들과 동료들에게 전달하고 싶었다. 하지만 구두로 전달하기에는 시간도 오래 걸리고 힘들어서, 책을 통해 이 방법을 정리하기로 결심하였다. 단순한 이론을 나열하기보다는 실질적으로 성공적인 투자로 이끌 수 있는 실용적인 안내서를 제공하고자 했다. UX 전문가인 선배와 만나 여러 차례 논의하며, 디파이 초보자도 이해할 수 있도록 내용을 쉽게 구성했다. 투자 전략에서부터 실전에 이르기까지의 흐름으로 구성했다.

이 책은 성공적인 디파이(DeFi) 투자를 위해 알아야 할 세 가지 중심으로 구성된다. 첫 번째는 디파이 재테크 전략이다. 이건 Chapter1에 해당되는 부분으로, 어떻게 투자해야 할지에 대한 노하우가 정리되어 있다. 안전하게 코인에 투자하고 수익을 올리는 전략이며, 위험 관리 방안도 포함하고 있다. 두 번째는 코인에 대한 지식이다. 코인에 관한 공부는 끝이 없지만, 방향을 잘못 잡으면 쓸모없는 코인들만 파고들게 된다. Chapter2에서는 디파이를 시작하기 위한 필수 코인 정보를 담았다. 세 번째는 디파이를 기술적으로 다루는 법이다. 디파이는 프로세스나 UX가 낯설어서 기술적인 가이드가 없으면 혼자서는 힘들다. Chapter3에서는 디파이를 따라하며 배울 수 있게 구성했고, 일부 내용은 QR 코드를 통해 실제로 하는 모습을 영상으로 볼 수 있게 했다.

나는 이 책이 더 나은 삶을 꿈꾸는 모든 직장인들에게 도움이 되기를 바란다. 여러분의 삶이 이 책을 통해 한층 더 풍요로워지길 기대한다.

K-직장인 박재형

서문

후배와 오랜 만에 만나 얘기를 나누던 중, 후배가 블록체인에 대해 아느냐는 질문을 던졌다. 그렇지 않아도 블록체인 기술에 대해서는 궁금증도 있었고 책을 보기도 하고 주변에서 귀동냥으로 들은 것도 있어서 좀 안다고 대답했는데 이번에는 디파이에 대한 얘기를 꺼냈다. 그리고 자신이 오래전부터 디파이에 대해 공부도 하고 디파이를 통한 코인 투자를 하고 있다고 했다. 나는 전부터도 코인에 대해 좀 부정적인 생각이 있던 터라 몇 가지 질문을 던졌다. 주식은 기업이 상품이나 서비스를 팔거나 제공해 주고 돈을 벌 수 있기 때문에 현재와 미래의 가치를 만들어 낼 수 있고 그 가치 때문에 투자를 하지만 코인은 뭘 근거로 가치를 매기느냐? 그리고 얼마 전에 루나 코인과 관련해서 많은 피해 사례도 있지 않냐는 얘기를 했다.

그에 대한 대답은 코인의 위험성이 많은 건 사실이다. 그런데 그걸 잘 알면 대처를 할 수 있고 또 빠른 시일 내에 돈을 벌겠다는 욕심을 부리지 않고 장기적 관점에서 안전하게 투자를 하는 방법이 있다고 했다. 자신은 그런 방법을 통해 코인 가격의 등락과 관계없이 돈을 벌고 있고 코인의 가격이 오르면 더 벌 수 있는 방법으로 투자를 하고 있다는 것이다. 그런 얘기를 듣고 보니 내가 그 동안 알고 있던 것과 다른 세계가 있다는 생각이 들었다. 그리고 그 후배가 자신의 친구들에게 그 방법을 알려주고 있는데 절차가 복잡하다 보니 알려줘도 자꾸 다시 질문을 하고 있고 직장 생활을 해 보니 동료 직원들이 열심히 일을 하지만 그것만으로는 은퇴 후의 삶이 보장이 안 될 것 같아 그런 사람들을 위해 책을 쓰고 싶다는 얘기를 했다. 하지만 책을 쓰더라도 내용이 복잡해서 잘 전달이 될지 걱정이라고 했다.

그런 의도라면 내가 책을 쓰는 걸 도와주겠다는 말을 꺼냈다. 내가 책을 쓰는 능력이 뛰어나서 공저자로 참여해 같이 쓰자는 것이 아니고 나는 인지과학을 공부하고 사용자 경험과 관련해서 오래 일을 하다 보니 어려운 내용을 좀 더 쉽게 풀어 쓰는 것과 전체적 구조를 잡는 것을 도와줄수 있을 것 같았기 때문이다. 게다가 내가 잘 모르는 분야라 같이 얘기를 나누면서 초보자의 입장에서 어떤 것이 어려울 지를 이해할 수 있을 것 같았고 새로운 분야를 배우는 것은 언제나 설레는 일이기 때문이었다. 그리고 책을 써 나가는 과정에서 내가 이해하고 배운 것을 바탕으로 작은 금액이나마 실제로 코인을 사서 디파이를 직접 체험해 보면서 써나가자고 했다. 그러면 좀 더 생생한 그 과정을 이해할 수 있고 어떤 부분이 문제가 되는지를 알 수 있을 것 같았기 때문이다.

그 후 온라인이나 오프라인으로 주에 한 번씩 만나 얘기를 나누면서 진행을 했는데 이론적인 부분은 말로 할 수 있었는데 뒷부분에 있는 실행 부분은 화면을 보면서 설명을 해야 해서 카페에서 만나 하나하나 화면을 보면서 설명을 들어보고 그 설명대로 실행을 해 보는 과정을 거쳤다. 그 과정을 거치면서 디파이라는 것이 새로운 세계라는 생각이 점점 들었다. 지금은 은행 등 금융 기관이 있어 그 기관을 통해 돈의 거래가 일어나고 그 거래를 통해 은행들이 천문학적인 이익을 내고 있는데 디파이는 중앙집중식 방식을 탈피해서 시스템을 매개로 사용자들 사이에 거래가 일어나는 방식이라 참여하는 사람들에게 좀 더 유리한 거래가 이루어질 수 있지 않을까하는 생각도 들었고 거래 원장이 블록체인 기술을 통해 투명하게 관리가 되니 거래의 신뢰가 담보될 수 있을 것 같았다. 게다가 메타버스와 같은 가상 세계가 활성화되면 그 안에서의 거래는 디파이 기반의 거래로 이루어질 것이란 생각도 들었다. 다만, 현재 디파이의 가장 큰 문제는 기존의 금융방식에 비해 단계가 많고 상품이 다소 복잡하다는 것이다. 디파이의 역사가 짧다 보니 그런 문제들이 있는 것 같고 현재도 개선이 되고 있다고 하고 앞으로 점차 더 나아질 것으로 보였다.

부자가 되기 위해서는 세 가지를 잘 해야 한다고 한다. 먼저, 돈을 잘 벌어야 한다. 소위 말하는 노동 수익이 있어야 한다. 둘째로는 돈을 잘 관리해야 한다. 벌어들인 노동 수익의 일부를 잘 투자해서 그 돈이 수익을 만들어야 한다. 마지막으로 돈을 쓰는 것을 잘 억제해야 한다. 돈을 아무리 벌고 잘 관리해도 더 많이 써 버리면 모이지 않기 때문이다. 디파이는 벌어들인 수익을 장기적으로 그리고 안전하게 투자를 해서 은퇴 시점에 그 투자금이 매월 노동 수익 이상으로 들어오게 하는 하나의 방법이 될 수 있을 것으로 보인다. 그 가능성을 이 책을 집필한 후배의 사례가 잘 보여주고 있다. 이 책을 접하는 모든 분들도 그런 경험을 할 수 있으면 좋겠다는 바람을 가져본다.

김진수

목차

디파이(DeFi) 재테크 전략

디파이(DeFi) 쉽게 이해하기

디파이(DeFi)란 무엇인가?(사전적 개념)

디파이(DeFi)는 "탈중앙화된 금융(Decentralized Finance)"의 약어로, 중앙 기관이나 중개자 없이 블록체인 기술을 기반으로 하는 금융 서비스를 지칭한다. 디파이는 스마트 계약과 분산 원장 기술을 활용하여 다양한 금융 서비스를 제공하며, 이를 통해 사용자는 자산을 보유하고 관리할 수 있다.

디파이에서는 다양한 금융 서비스가 가능한데, 대표적인 디파이 서비스는 다음과 같다.

- 대출: 사용자들은 디파이를 통해 대출을 신청하고 제공할 수 있다.
- 유동성 제공(Liquidity Provision): 사용자들은 자신의 코인 자산을 디파이 플랫폼에 예치하여 유동성을 공급하고 수수료를 얻을 수 있다.
- 분산 거래소(DEX): 중앙 거래소와 달리 사용자는 자신의 지갑을 통해 자유롭게 자산을 거래할 수 있다.

주식시장과 비교하여 디파이(DeFi)를 이해해 보자.

DeFi를 처음으로 접하는 직장인 코린이 입장에서 보면, 사전적 정의로는 많이 부족하다. 기존 주식 투자와 비교해 뭐가 다른 것이고 어떤 면에서 투자적 장점이 있는 것인지 이러한 차원에서 좀 더 쉽게 정리해 보겠다.

주식과 DeFi의 가장 큰 차이는, 주식은 사고 팔고를 통해서 돈을 버는 개념인 반면, DeFi는 코인을 가지고 있음으로써 돈을 버는 개념이다. 어찌 보면 주식의 배당 투자와 비슷할 수도 있는데, 배당 투자보다 훨씬 진화한 모델이라고 보는 것이 맞다. 그 이유는 배당주와 같이 코인을 단순 보유함으로써 돈을 버는 것뿐만 아니라, 여러 서비스에 투자해서 돈을 벌 수도 있기 때문이다.

실사례를 통해서 주식과 DeFi 수익을 비교해 보자.

다음은 ○○닉스의 최근 주봉 차트다. 120일선(보라색 라인)이 무너지고 다시 반등할 때 이때다 싶어서 매수했다고 가정해 보자. 그날은 2022년 5월 20일이며, 매수가는 113,000원이었다. 그러나 주가는 상승하지 못하고 113,000원 가격 아래에서 1년간 머물렀는데, 따라서 1년간은 마이너스였다. 가격이 회복하고 이익 구간에 접어든 시점은 1년이 지난 2023년 5월 19일부터였다. 2023년 12월 현재까지 여전히 주식을 가지고 있다고 하면, 지금은 매수가보다 상승해서 미실현이익을 내고 있는 상태다. (아직 매도를 하지 않았기 때문에 미실현이익에 해당된다.)

이런 경우, 주식 투자와 DeFi를 비교해 보면 이렇다.

기간	주식 투자	DeFi 투자
22년 5월~23년 5월	수익이 없음	실현 수익이 발생
23년 5월~23년 12월	미실현수익 발생	미실현수익 발생 실현 수익이 발생

　주식 투자와 DeFi 투자의 가장 큰 차이는 가격이 오르든 내려가든 상관없이 보유기간 동안에도 수익이 발생한다는 것이다. 즉 ○○닉스를 사서 DeFi 투자를 했다고 하면, 1년간의 (-)구간에도 수익이 발생한다. ○○닉스 주식을 대출해 주고 이자수익을 받을 수도 있고, 나의 보유량을 예치하고, ○○닉스 매도/매수 때 발생하는 거래수수료를 수익으로 받을 수도 있다. 마치 증권회사가 돈을 버는 방식으로 수익을 내는 방식이 바로 DeFi인 것이다. (단, ○○닉스 코인은 없으므로 이것을 이더리움

(ETH) 등의 코인으로 투자하는 것이다.)

코인을 보유하는 동안 디파이를 활용하여 추가 수익을 창출하는 것은 현대 금융 투자의 혁신적인 방법 중 하나다. 코인이 처음 나온 시기에는 디파이는 존재하지 않았다. 2017년 우리나라에 코인붐이 불었을 때에도 디파이는 존재하지 않았다. 2017년부터 코인 투자를 시작한 사람들도 여전히 DeFi를 모르고 단순히 코인을 사고파는 형태의 투자만 하고 있는 경우가 많다.

현재 우리나라는 코인 투자를 마치 주식과 유사한 형태, 즉 중앙거래소를 통한 거래 위주로 하고 있다. 반면, 차세대금융 기법의 DeFi는 미국과 유럽에서 매우 활발하다. 결국 현재 코인의 money move가 미국, 유럽을 중심으로 일어나고 있는 것이다.

다음 도표를 보면, 한국은 업비트, 빗썸과 같은 중앙거래소를 통한 거래규모가 세계 2위다. (2022년 기준)

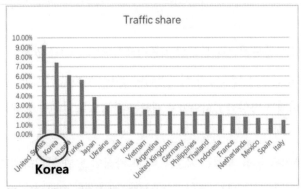

Figure 2-4: Major CEX Traffic in Selected Countries
Source: Similarweb, Huobi Research

출처: https://medium.com/huobi-research/global-crypto-industry-overview-and-trends-2022-2023-annual-report-first-part-e15372f29c

반면, 한국은 DeFi에서는 순위권에서 한참 밀려난다. 다음 도표를 보면, 미국이 단연 높은 DeFi 트래픽을 보인다. 그다음으로 남미 1위 암호화폐 시장인 브라질과 영국, 프랑스, 독일, 캐나다와 같은 일부 선진국들이 큰 DeFi 트래픽을 보여 주고 있다. (2022년 기준)

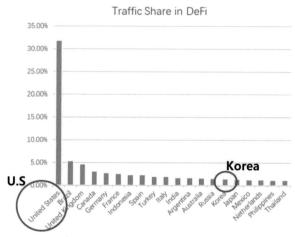

Figure 2-7: Major traffic of DeFi in various countries
Source: Similarweb, compiled by Huobi Research

출처: https://medium.com/huobi-research/global-crypto-industry-overview-and-trends-2022-2023-annual-report-first-part-e15372f29c

DeFi는 블록체인과 분산된 애플리케이션(DApp)을 활용한 금융 기술로, 2018년부터 등장하기 시작하더니 2019~2020년 급격한 성장을 거듭하여 현재는 다양한 DApp이 존재하는 환경으로 발전하게 되었다.

디파이를 통한 투자는 새로운 투자 방식일 뿐만 아니라 다양한 디파이 DApp을 활용하는 개념으로 이해하면 좋다. 초기에는 MakerDAO,

Uniswap, Yearn과 같은 소수의 DApp들이 있었지만, 2019년 이후에는 급격한 발전으로 수많은 디파이 DApp들이 생겨났다. 지금은 이렇게 많은 DApp 중에 어떤 것을 하는 게 좋을지 선택이 어렵기 때문에, 디파이 초보 단계에서는 이 책에서 소개하는 DApp을 그대로 따라서 해 보고, 해당 DApp을 통해 투자를 해 보길 권한다.

DApp은 분산 애플리케이션의 약자로, 기존 앱과는 달리 블록체인 기술을 기반으로 탈중앙화되어 있다. 이 특징으로 인해 대부분의 DApp은 오픈소스로 개발되어 커뮤니티 중심으로 운영되며, 참여자를 위한 보상 체계가 마련되어 있다.

디파이 DApp을 더 자세히 알아보면, 디파이는 중앙 기관 없이 자동화된 금융 서비스를 제공하는 플랫폼이며, DApp은 이 디파이 서비스를 이용하는 애플리케이션이다. DApp은 예금, 대출, 거래 등의 서비스를 분산된 방식으로 제공하며, 사용자들은 이를 통해 암호화폐를 보다 효율적으로 활용할 수 있게 되었다.

DApp을 사용하기 위해서는 암호화폐 지갑이 필요하다. 사용자는 지갑을 DApp에 연결하여(마치 로그인과 유사하게) DApp을 활용하게 된다. 이러한 디파이와 DApp의 조합은 새로운 금융 생태계를 형성하고 있으며, 간편한 사용법을 익히면 다양한 디파이 서비스를 경험할 수 있다. 이러한 서비스는 참여자들에게 투명하고 효율적인 금융 환경을 제공하며, 블록체인 기술의 혁신을 실현하고 있다.

다음은 디파이 서비스를 제공하는 대표적인 DApp들이다. 어떤 것들이 있는지 간략히 알고 넘어가도록 하자.

Name	Category	TVL (2023.12)	설명
Uniswap	DEX	약 4.8 조 원	이더리움 블록체인에서 서비스를 시작해서, 현재는 아비트롬, 옵티미즘, 폴리곤 등 이더리움 Layer2 중심으로 서비스하고 있는 분산형 거래소다. 큰 규모의 코인을 한 번에 바로 다른 코인으로 바꿀 수 있다.
PancakeSwap	DEX	약 1.8 조 원	바이낸스의 BSC 네트워크에서 서비스를 시작해서, 현재는 이더리움, 아비트롬뿐만 아니라 앱토스에서도 서비스하고 있는 분산형 거래소다. 거래수익뿐만 아니라, 자체 코인 Cake도 보상으로 지급하고 있다.
Curve Finance	DEX+	약 2.5 조 원	주로 스테이블코인(USDC, USDT, DAI 등)의 유동성을 기반으로 사용자들이 이들 코인을 비교적 안정적이고 효율적으로 교환할 수 있게 서비스하는 분산형 거래소다. CRV 토큰을 Curve 프로토콜에 참여하고 기여한 사용자들에게 인센티브로 제공한다.
AAVE	Lending	약 7.8 조 원	코인을 예치하거나, 예치된 코인을 담보로 대출할 수 있는 금융 프로토콜이다. 2017년에 출시해서 이더리움, 아비트롬 등 주요 네트워크에서 서비스하고 있다. 자체 코인인 AAVE가 있지만 현재는 보상으로 지급하지는 않고 있고, 수수료에 따라 일부 소각을 실시하고 있다.

Compound	Lending	약 2.8 조 원	AAVE와 마찬가지로 코인을 예치하거나, 예치된 코인을 담보로 대출을 할 수 있는 프로토콜이다. 처음에는 AAVE와 동일한 방식이었으나, 지금은 isolated된 형태로 운영하고 있다. 2018년 출시해서 이더리움, 아비트롬 등 이더리움 계열 네트워크에서 서비스하고 있다. compound라는 코인을 보상으로 지급하고 있기 때문에, 일부에서는 대출이자가 낮게 나올 수도 있다.
Maker	Lending+	약 10.7 조 원	DAI라는 스테이블코인을 발행하고 관리하는 프로토콜이다. 달러를 기반으로 하지 않고 이더리움을 담보로 하여 스테이블코인을 발행할 수 있다. 2017년에 출시된 초기 프로젝트 중의 하나로 아직까지 DAI 스테이블 코인을 안정적으로 운영 중이다.
Lido	Staking	약 24.4 조 원	ETH를 Staking하고 이자를 지급해 주는 곳이다. 탈중앙화되어 있기 때문에 내 ETH를 위탁하는 형태가 아니라, 사용자가 직접 ETH를 staking하고 stETH를 받는 구조다. stETH는 여러 DeFi app에서 활용할 수 있다. 현재 ETH staking pool중에는 가장 큰 규모를 가진다.
Rocket Pool	Staking	약 3조 원	Lido와 마찬가지로 탈중앙화 ETH staking pool이다. 여기에는 자체 노드를 실행할 수 있는 Node Staking 서비스가 있는데 이때 RPL을 추가적인 보상으로 지급받게 된다. Pool 규모는 작지만 Lido보다 높은 APR이 가능하다.
총합		57.8조 원	

TVL란, Total Value Locked의 약어로 해당 Dapp에 예치된 자산의 총 가치를 의미한다. 예를 들어, 사용자들이 이더리움, 스테이블코인을 예치하면, 해당 자산의 시장 가치 합계가 바로 TVL이다.

직장인 이야기:
"재테크의 여정: 다섯 명의 알파소프트 직원들"

조 과장. 나이 38세, 알파소프트의 10년 차 경력자. 기획팀에서 빠질 수 없는 중요한 인물 중 하나다. 조 과장은 결혼을 해서 30평형 집을 소유하고 있으며, 이 집은 20년짜리 대출을 통해 마련했다. 매달 원리금으로 백오십만 원을 갚고 있는데, 이를 통해 집을 소유하고 싶은 꿈을 이루기 위해 노력하고 있다. 차를 좋아하는 조 과장은 현재 제네시스를 타고 다니고 있으나, 포르쉐나 벤틀리를 꿈꾸며 자산을 늘리기 위한 노력을 기울이고 있다.

조 과장은 주식 투자에 관심이 많아서 오랜 기간 동안 경제적 자유를 꿈꾸어 왔다. 그러나 현재까지의 주식 투자 수익은 만족스럽지 못하다고 느껴진다. 주식 계좌를 살펴보면 모두 마이너스 상태인데, 그 이유는 급한 돈이 필요할 때 주식을 팔아서 이렇게 되었다고 한다. 그럼에도 불구하고 조 과장은 투자 성공을 꿈꾸며 매일 주식 시장을 분석하고 공부하는 노력을 게을리하지 않는다. 그의 책상에는 워렌 버핏을 비롯한 주식 투자에 관한 책들이 쌓여 있으며, 여전히 주식 투자에 대한 열정을 유지하고 있다.

두 번째로, 임 대리. 알파소프트의 5년 차 직원으로 30세의 여성이다. 컴퓨터공학 전공 배경을 가진 임 대리는 현재 개발팀에서 기획팀으로 파견되어 있으며 회사에서는 우수한 성과를 내고 있다. 연봉과 성과급은 동료들보다 높으며, 승진해서 임원이 되는 것이 그녀의 목표다.

임 대리는 아직 결혼하지 않았으며, 급여의 절반을 저축하는 등 재테크에 관심을 가지고 있다. 특별한 투자 계획은 없지만 청약저축을 통해 나중에 집을 구입하려는 계획을 갖고 있다. 현재의 경제적 상황은 어려움을 겪고 있지만, 그녀는 미래에 대한 계획을 꾸준히 세우고 노력하고 있다.

이 부장은 알파소프트의 기획팀 1그룹장으로, 17년 차 경력을 가진 50세의 베테랑 직장인이다. 그는 과거에 강남에 38평형 아파트를 구입하여 집값이 두 배로 올라가기를 성공적으로 이루었지만, 아직도 대출을 갚고 있는 상황이다. 임원이 되지 못하면 회사를 나가야 하기 때문에 고민이 많다. 자녀 두 명에 들어가는 교육비로 인해 추가 저축을 하기 어려운 상황에 있다는 것도 고민이다. 그러나 조금 모은 돈으로 주식 투자를 하고 있는데 여기에서 수익을 내고 있어 긍정적인 마음을 유지하고 있다.

박 사원. 알파소프트의 막내 직원으로 2년 차 경력자다. 할부로 차를 구매하여 집 월세와 할부를 고정적으로 지출하고 있다. 재테크에 관심이 많고 주식과 코인에 더 흥미를 느끼고 있으며 자산을 어떻게 하면 늘릴지 항상 고민이 많다.

마지막으로, Tom은 미국에서 온 경력직 직원으로, 미국 IT 기업에서 근무하면서 받은 급여를 모아서 오랜 재테크를 통해 경제적 자유를 이룬 후에 퇴사하였다. 그리고 한국에 와서 이제 막 알파소프트로 경력 입사하였다. 그는 미국에서 S&P 500과 코인에 투자한 경험이 있으며, DeFi가 그의 경제적 자유를 이루는 데 큰 역할을 한 것으로 알려져 있다.

▎ "Tom의 세미나: 현실을 뒤흔든 CF, 그리고 재테크의 새로운 길"

기획팀에 새로 합류한 Tom에 대한 사람들의 호기심과 기대가 군데군데에서 느껴졌다. 미국에서 경제적 자유를 이뤄 내고 한국으로 온 이유는 무엇일까? 이런 의문들과 함께 기획팀 사람들은 Tom을 환영하고 반겨 주었다.

금요일 오후, 대부분의 동료들이 일찍 퇴근하는 분위기 속에서 조 과장은 카페에서 임 대리와 회사 관련 얘기를 나누고 있었는데, 카페 앞에서 멈춰선 스포츠카 차량을 보게 되었다. 이 차량에서 내리는 사람은 바로 Tom이었다. "뭐지?" 회사 내에서 Tom을 본 조 과장은 왠지 신경이 쓰였다. 그의 소비 습관이 상당히 사치스럽게 느껴졌다. 이런 생각들이 머릿속을 스쳐갔지만, 이 부장의 지시에 따라 Tom에게 TMI(Two Much Information) 세미나를 요청했다.

그런데 문제는 Tom의 세미나 주제였다. CF라는 주제로, 조 과장은 이 주제가 "CF(Car Fund)"를 나타내는 줄 알았지만, Tom이 세미나를 진행하면서 그것은 아니라는 것을 알게 되었다. 그가 말한 CF는 "Car Fund"가 아니라 Cash Flow(현금흐름)였던 것이었다.

Tom의 세미나 분위기는 초집중력 그 자체였고, 그 내용은 혁신적이었다. 이 부장은 세미나가 끝나고 "저게 말이 되냐?"라고 물었지만, 그 세미나는 조 과장 자신을 완전히 흔들었다. 주식 투자에 대한 생각을 재검토하게 되었고, 그동안의 투자 방식이 다소 보수적이었다는 생각을 했다.

Tom의 세미나가 끝난 후, 박 사원이 적극적으로 나서서 Tom에게 추가 세미나를 요청하였다. Tom은 기꺼이 받아들이고, 5부작 세미나로 자신의 경험과 지식을 공유하겠다고 했다.
조 과장 또한 Tom의 다음 세미나를 기다리며, 그가 공유해 줄 지식에 대한 호기심을 가지게 되었다. Tom의 세미나를 통해 새로운 재테크의 길을 찾고, 경제적 자유를 향해 나아가는 여정에 기대를 걸게 되었다.

조 과장은 Tom의 5부작 세미나를 정리하였는데, 앞으로 나올 내용은 Tom의 세미나를 정리한 내용이다.

디파이(DeFi) 투자 전략

Tom의 세미나 내용은 '30~40대 직장인이 안정적으로 투자해서 10년 후에 본인이 하고 싶은 것을 마음껏 할 수 있는 방법'에 포커스되어 있다. 무엇보다 매월 현금흐름 창출에 포커스되어 있었다.

다음은, Tom이 DeFi 투자를 하면서 얻은 '안전하게 수익을 올리는 투자 전략' 세 가지다.

초보 단계 DeFi 투자자도 Tom의 이런 투자 전략을 따라 하는 것만으로도 수익 창출이 가능하게 된다.

Chapter3까지 진행하고 난 이후에(Chapter3은 DeFi 실전 부분이다), 이 부분을 다시 한번 보는 것을 권한다. 다시 보면 본인의 투자 계획을 수립하는 데 도움이 될 것이다.

(1) Tom의 안전 투자 전략

"이익보다는 손실이 없는 게 우선이다. 처음에는 무엇보다 안전하게 원금손실을 최소화하는 방향으로 디파이(DeFi) 투자를 해야 한다. 그 이유는 원금에서부터 현금흐름이 창출되는데, 원금 자체가 줄어들면 현금흐름도 따라서 줄어들 수밖에 없기 때문이다."

1) 안전 투자 전략 1: 변동성이 낮은 코인을 이용

주식에서 변동성에 따라 주식을 나열해 보면 대략 이렇게 될 것이다.

변동성이 낮은 순으로 1. 대형주 - 2. 중소형주 - 3. 잡주 - 4. 테마주. 4가지 모두가 주식이다. 여기에는 현금이라는 것이 없다. 현금은 투자가 아니기 때문이다.

코인을 변동성에 따라 나열해 보면 조금 차이가 있다.(매우 크게 분류해 보았다)

변동성이 낮은 순으로 1. 스테이블코인 - 2. 비트코인 - 3. 이더리움 - 4. 이더리움 외 알트코인 - 5. 밈코인. 5가지 모두 코인이지만, 여기에는 현금과 유사한 것이 있다. 그것은 스테이블코인이다.

여기에서 스테이블코인은 뒤에서 자세히 설명하겠지만 미국 달러와 1대 1로 pegging된 코인이다. 즉, 1년 내내 1개가 $1의 가치를 유지한다. 코인거래에서는 현금과 같은 역할을 한다. 스테이블코인 때문에 코인에는 현금 투자가 존재한다.

디파이(DeFi)를 할 때 투자금을 모두 비트나 알트코인을 살 필요가 없다. 물론 가격 상승 시 큰 이익을 얻을 수 있는 알트코인이 한국에서 많이 거래되는 편이다. 주식을 해 본 사람은 알 것이다. 이익이 항상 이익이 아니라는 것을……. 가격 급등을 노리는 투자 방식은 한 방에 훅 갈 수 있다는 것을…….

DeFi에서는 이렇게 변동성이 낮은 스테이블코인을 투자에 포함할 수 있기 때문에, 스테이블코인과 이더리움을 같이 투자하는 방법으로 안정성과 수익성을 모두 가져갈 수 있다.

그렇다면 스테이블코인(현금과 같이 $1를 항상 유지하는 코인)과 이더리움 코인으로 DeFi를 투자하는 방법의 예를 살펴보자.

▎ DeFi 투자 예시1: 1천만 원을 최초 투자 시

(예시) 1천만 원을 스테이블코인과 이더리움에 투자하는 방법

투자원금	종목 구성	특징
1천만 원	Case A. 스테이블코인 80%(8백만 원) 이더리움 20%(2백만 원)	매우 안정적 * 초보자에게 추천
	Case B. 스테이블코인 50%(5백만 원) 이더리움 50%(5백만 원)	안정적
	Case C. 스테이블코인 20%(2백만 원) 이더리움 80%(8백만 원)	공격적

- Case A: 전체 투자금 중에 변동성 있는 코인(이더리움)의 비율이 20% 밖에 되지 않기 때문에, 이더리움 가격 변동이 전체 투자금에 미치는 영향이 작다. 이렇게 투자를 해도 DeFi수익이 발생한다.

- Case B: 전체 투자금 중에 50%는 스테이블코인으로 유지하고 시작하고 있어서, 안정적이다. 이 경우는 DeFi수익에 더해 이더리움 상승 시 수익도 가져오기 위한 투자 방법이다. 하지만, Case A보다는 현금비율이 작기 때문에 이더리움 가격 변동에 영향을 많이 받는다.

- Case C: 이더리움 상승을 예상한 투자 방식이다. 그러나, 주식이든 코인이든 가격 하락이냐 상승이냐를 맞추는 것은 어려운 일이다. 이 경우는 상승을 예상하지만, 그건 언제나 확실하지 않기 때문에 조금의 스테이블코인을 묶어서 기다리는 동안 DeFi 수익을 챙기는 방법이다.

DeFi 투자 예시2: 1천만 원 투자해서 나온 수익을 재투자 시

변동성이 낮은 코인을 이용하는 방법에는 또 한 가지가 있다. 그것은 DeFi 투자에서 나온 수익금을 다시 재투자하는 방법에서 다시 활용하는 것이다.

앞의 Case A, B, C 투자 방법 모두 DeFi 수익이 발생하는데, 대략 수익금의 비율이 스테이블코인 50%, 이더리움 50%으로 발생하게 된다. 1천만 원을 투자해서 월평균 30만 원의 DeFi 수익이 발생했다고 하면, 이때 스테이블코인 15만 원, 이더리움 15만 원의 수익이 발생한다는 것이다.

이렇게 발생하는 투자 수익을 빼서(Claim한다고 한다), 재투자를 해야 한다. 왜냐하면 수익을 재투자함으로써 추가적인 수익이 발생하기 때문이다.

(예시) 월 30만 원을 재투자하는 방법

월 투자수익	재투자	특징
30만 원	Case A. 모두 스테이블코인으로 예치 스테이블코인 100%(30만 원)	매우 안정적 * 초보자에게 추천
	Case B. 투자원금에 compounding 스테이블코인 50%(15만 원) 이더리움 50%(15만 원)	안정적 * 초보자에게 추천
	Case C. 모두 이더리움으로 예치 이더리움 100%(30만 원)	공격적

초보 디파이 투자자는 안정적인 방법으로 투자하기를 권한다. 표를

보면, Case A-A 혹은 Case A-B의 투자방법으로 투자를 해야 한다. 우리는 Chapter3에서 Case A-B의 방법으로 실전 투자하게 된다.

2) 안전 투자 전략 2: 적립식 투자와 거치식 투자

> "코인 가격이 최근 급등했다면, 혹은 오랜 기간 상승피로가 있는 상태라고 한다면, 거치식 투자보다는 적립식 투자로 해야 한다. 그래도 거치식 투자를 하겠다면 가격하락을 방어할 수 있도록 준비하자."

지금 이 책을 쓰는 순간의 비트코인 가격은 $44,000이고, 이더리움 가격은 $2,200이다. 지난 2022~23년 하락기의 이더리움 저점구간은 $1,200 정도였다. 만약, 독자가 이 책을 읽고 DeFi를 시작하는 시점에 비트코인, 이더리움 가격이 앞서 나온 현재 가격의 2배가 넘어 있다면, 저점에서 4배 이상 올라간 상황이므로, 이때는 거치식보다는 적립식 투자를 하기를 권한다.

▎직장인의 적립식 투자

앞의 A-A 방법으로 투자를 하더라도 20%는 이더리움을 포함할 수밖에 없기 때문에, 이더리움 가격이 하락하게 되면 손실이 날 수도 있다. 20%가 전체 투자금에 미치는 영향은 작겠지만, 그래도 코인의 변동성은 높기 때문에 이에 대비하는 것이 필요하다.

특히 이 책을 읽는 시점의 이더리움 가격이 $4,000이 넘었다고 한다면 더욱 그렇다.

가격을 헷지하는 가장 좋은 방법은 주식과 마찬가지로 변동성이 높은 자산을 여러 번에 걸쳐서 적립식으로 매수하는 것이다. 직장인들은 매월 월급이 발생하기 때문에 적립식으로 DeFi 투자를 하면 좋다. 월급의 남는 부분이 아니라, 월급이 나오면 무조건 10% 이상을 저축하고 그렇게 모인 돈을 분기에 한 번씩 DeFi에 투자하는 등의 계획을 세워 보자. 이때는 새로운 DeFi풀을 만들지 말고, 기존의 풀에 더하는 방식으로 하는 것이다.

매월 50만 원씩 모은 돈을 분기에 한 번씩 적립식을 투자한다고 하면, 이더리움 가격에 따라서 투자비율이 다음과 같이 달라진다.

(예시) 분기 150만 원을 적립식으로 재투자

적립식 투자금액(분기별)	이더리움 가격	재투자 시 예상 투자비율
150만 원	보합	스테이블코인 80% 이더리움 20%
	상승 시	스테이블코인 90% 이더리움 10%
	하락 시	스테이블코인 60% 이더리움 40%

하락 시를 자세히 설명하면, 이더리움 가격이 최초 투자한 시점보다 떨어졌을 때는(하락 시), 적립식으로 하게 되면 이더리움 비율이 전체의 20%보다 높을 것이다.

이렇게 되면, 이더리움 가격이 최초 투자 시 가격보다 하락한 후에 다시 상승하게 되면, 풀의 총금액은 크게 상승하게 된다. 그 이유는 저가에 이더리움을 더 많이 확보해 놓았기 때문이다.

직장인은 어차피 일하는 동안에는 급여를 통해 안정적으로 현금흐름이 발생하기 때문에 목표시점을 5~10년 후로 잡고 준비한다. 당장의 현금흐름이 중요한 게 아니기 때문에, 5~10년 꾸준히 투자한 후, 그 시점부터 발생하는 수수료 수익이 급여를 초과하게 만드는 데 초점을 두고 투자해야 한다.

이게 주식 투자와 매우 다른 점이다. 주식 투자는 투자원금으로 5~10년 후에 얼마를 만들어야 한다 혹은 사고팔아서 매년 얼마를 벌어야 한다가 목표가 되는 반면, DeFi는 현재의 월급을 대체하는 현금흐름이 나올 때 까지를 목표로 잡고 지속적으로 투자해 나가는 것이다.

▌직장인의 거치식 투자

직장생활 연차가 있거나, 혹은 이미 퇴직이 코앞인 사람, 그리고 퇴직자는 시간이 없다. 언제 적립식으로 모아서 현금흐름을 만들 것인가? 이런 걱정이 되면 거치식 투자를 고려해 본다. 단, 거치식 투자는 적립식보다 가격변동성에 대해 헷지를 할 수 없기 때문에, 보다 보수적인 '20% plus' 방법을 추천한다.

* Tom의 20% plus 방법

이 방법은 투자원금을 20% 불려 놓는 것을 먼저하고, 그 이후에 발생하는 수수료 수익을 마음껏 활용하는 방법이다. 이 부분에 대한 실행 방법은 Chapter3에 있다.

① 투자 포트폴리오는 스테이블코인 90%, 이더리움 10%로 구성한다.

② 밑단 Range를 Wide하게 세팅하고, 목표 APR을 20%~30% 사이로 잡는다. (밑단 Range를 낮게 잡을수록 원금손실 가능성은 낮아진다)

③ 매일 수수료 수익을 원금에 Compounding한다. (수수료 수익이 $100 이상일 때마다 compounding한다)

④ 투자가치가 120% 될 때까지 수수료를 compounding한다. (1억을 투자했을 때, 1억 2천만 원이 될 때까지 compounding을 하는 것이다)

⑤ 투자 도중에, Pool이 위로 깨졌을 때는 이더리움을 전체의 5%로 구성하여 다시 Pool을 만든다. Pool이 아래로 깨졌을 때는 스테이블코인을 전체의 5%로 구성하여 다시 Pool을 만든다.

⑥ 투자가치가 120% 도달했다면, 그 이후부터 나오는 수수료 수익을 사용한다.

(예시) 거치식 투자의 수수료 수익 활용 방안

투자금	종목 구성	APR	Daily 수수료 수익
초기 투자: $100,000	스테이블코인 90% 이더리움 10%	25%	$68 → 원금에 재투자
20% plus: $120,000	스테이블코인 90% 이더리움 10%	25%	$82 → 인출

3) 안전 투자 전략 3: 원금 회수 후 수익이라는 마인드

DeFi 투자에서 원금 회수는 투자 성공의 기본적인 출발점이다. 투자자는 다음과 같은 원칙을 따라야 원금 회수와 함께 효과적인 투자 결과를 얻을 수 있다.

투자원금을 회수하기 전까지는 수익이 발생했다고 생각하지 않는 것이다. 투자원금 회수 그 후에 발생하는 수익이 이익이 된다고 생각해야 한다. 이것은 주식 투자와 비교할 때 더욱 명확해진다. 예를 들어, 주식 투자에서 주가 상승은 실제로 이익이 발생한 것이 아니다. 주가가 다시 하락하면, 투자자의 포트폴리오 가치도 마찬가지로 감소하게 된다. 이러한 이유로 투자자는 투자로부터 원금을 회수할 때까지 이익이 발생하지 않았다고 볼 수 있다.

따라서, 투자자는 원금 회수를 최우선으로 고려해야 한다. 원금이 회수된 이후에 발생하는 수익만이 진정한 이익으로 간주될 수 있으며, 이 마인드셋은 투자자가 투자 리스크를 철저히 관리하고, 안정적인 수익을 추구하는 데 도움이 된다.

DeFi 투자는 기존의 주식 투자와는 다른 독특한 특성을 가지고 있다. 주식 투자에서는 주가의 상승을 기다려야 이익을 볼 수 있지만, DeFi에서는 다르게 접근할 수 있다. DeFi 투자에서는 투자자가 자산을 빌려주거나 풀에 제공함으로써 일정한 수익률(yield)을 얻을 수 있다. 이렇게 얻은 yield는 원금에 더해져 복리 형태로 쌓이게 된다.

이런 방식은 투자자가 가격의 상승과 상관없이 지속적인 수익을 얻을 수 있게 해 준다. 특히, 투자자는 이런 방식으로 원금을 지속적으로 증가시킬 수 있으며, 일정 수준에 이르면 원금을 회수하고 이후에 발생하는 수익으로 추가 투자를 할 수 있게 된다.

이러한 DeFi의 특성은 투자자에게 원금 회수와 수익 실현에 대한 새로운 전략을 제공한다. 투자자는 가격 변동성 리스크를 줄이면서도 안정적인 수익을 얻을 수 있으며, 이를 통해 장기적으로 투자의 성과를 개선할 수 있다.

▌조 과장의 주식 투자 형태

(예시) 투자금 1억 원을 가지고 투자 시작

날짜	종목	거래내용	현재 가격	결과	잔고
1월 10일	A전자	매수: 1000주	주당 10만 원	-	1억 원
4월 10일	A전자	-	주당 12만 원	미실현이익 2천만 원	-
7월 10일	A전자	-	주당 8만 원	미실현손실 2천만 원	-
10월 10일	A전자	매도	주당 10만 5천 원	원금 회복 및 이익 발생	1억 원 + 500만 원 이익금

▌Tom의 DeFi 투자 형태(80 대 20 형태로 투자)

(예시) 투자금 1억 원을 가지고 투자 시작

날짜	종목	거래내용	현재 가격	결과	잔고
1월 10일	이더리움 (ETH)	매수 10개	개당 200만 원		2천만 원 + 8천만 원 (총 1억 원)
	USDC	매수 80,000개	개당 $1		
4월 10일	이더리움 (ETH)		개당 220만 원 (20만 원 상승)	미실현익 200만 원 (10개×20만 원)	-

7월 10일	이더리움 (ETH)	-	개당 180만 원 (20만 원 하락)	미실현손 200만 원 (10개×-20만 원)	-
10월 10일	이더리움 (ETH)	매도	개당 205만 원	원금 회복 및 이익 발생	1억 원 +50만 원 이익 +1,500만 원 DeFi이자
	USDC	매수 80,000개	개당 $1		

이렇게 DeFi 투자를 통해 투자자는 원금을 보호하고, 복리 효과를 최대화하여 지속적이고 안정적인 수익을 얻을 수 있게 된다.

전통적인 대부업에서는, 원금 회수는 무엇보다 중요한 투자 개념이다.

대부업은, 어떤 비즈니스인가? 대부업, 말 그대로 돈을 빌려주는 사업이다. 하지만 생각보다 간단하지 않다. 이 비즈니스에는 큰 리스크가 따르기 때문이다. 고객에게 돈을 빌려주면 그 돈을 다시 받아야 하는데, 만약 고객이 돈을 갚지 않으면 어떻게 될 것인가?

그래서 대부업체들은 원금 회수를 철저히 관리한다. 그렇게 함으로써 비즈니스를 안정적으로 운영하고, 실제로 돈을 벌 수 있게 된다. 이런 전략 덕분에 대부업체는 여러 리스크 속에서도 꾸준히 성장하고 발전할 수 있는 것이다.

원금 회수는 대부업체의 수익성 증대에 직접적으로 연결된다. 상환되지 않은 대출은 손실로 이어지기 때문에, 효과적인 회수 전략은 이러한 손실을 방지하고 수익을 최대화한다.

회수된 원금은 다시 대출로 사용될 수 있으며, 이를 통해 대부업체는 추가적인 이자 수익을 얻을 수 있다.

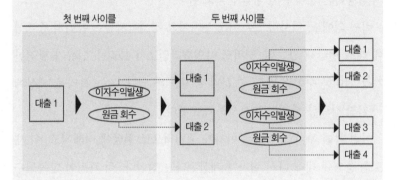

이런 방식으로 원금을 늘리는 방식으로 하게 되면, 이자 수익도 같이 커지게 된다. 원금 회수를 기준으로 두 번의 사이클을 돌게 되면 대출이 4개로 늘고 이자 수익도 그 수만큼 늘게 된다.

DeFi에서도 이러한 대부업의 비즈니스 모델을 이용해서 투자를 하게 되면, 안정성과 수익성의 두 마리 토끼를 잡을 수 있게 되는 것이다.

(2) Tom의 장기 투자 전략

"장기 보유와 장기 투자는 다르다. 장기 투자는 복리의 힘을 활용해서 오랫동안 투자하는 경우를 말한다. 반면, 장기 보유는 가격이 오를 것 같아서, 혹은 지금 팔면 손해라서 오랫동안 가지고 있는 경우다. DeFi 를 통해 우리는 장기 보유가 아닌, 장기 투자를 하게 된다."

재테크 책을 몇 권 읽어 본 분이라면 재테크에서 복리 투자를 강조하는 부분을 많이 보았을 것이다. 버핏은 투자 시 복리의 힘을 장기간에 걸쳐 활용하는 것에 큰 중점을 둔다고 한다.

버핏 외에도, 역사적으로 여러 투자자와 경제학자들이 복리의 중요성에 대해 언급해 왔는데, 앨버트 아인슈타인조차 복리를 '인류가 발견한 가장 위대한 수학적 발견' 중 하나로 칭한 바 있다. 그는 복리를 '세상에서 가장 강력한 힘'이라고 묘사하기도 했다.

이런 복리 투자의 핵심은 이자가 주기적으로 원금에 더해지고, 이 새로운 총액에 대해 다시 이자가 계산된다는 점이다. 이 과정이 반복될수록, 원금은 점점 더 빠르게 증가하는 효과를 누리게 된다. 즉, 투자 기간이 길어질수록, 복리의 효과는 더욱 강력해지며, 이는 투자 초기에는 눈에 띄지 않을 수 있지만, 시간이 흐를수록 그 효과는 극적으로 증가한다.

따라서, 복리 투자와 장기 투자는 같은 선상에 놓고 봐야 한다. 같이 묶였을 때 효과가 극대화되기 때문이다.

* 복리 투자의 장점

- 장기 성장: 복리는 시간이 지날수록 투자자산의 가치를 기하급수적으로 증가시킨다.
- 리스크 감소: 초기 투자 후에는 이자가 재투자되어 원금에 비해 상대적으로 낮은 리스크로 자산 성장을 도모할 수 있다.
- 절약 및 예산 관리: 복리는 저축과 투자의 습관을 강화하고, 장기적인 재정 목표 달성을 위한 동기 부여가 된다.

＊복리 투자의 실질적 방법

- 주식 및 주식형 펀드: 주식이나 주식형 펀드는 장기적으로 볼 때 복리 효과를 제공하는 좋은 예다. 배당금을 재투자할 경우, 복리의 혜택을 누릴 수 있다.

- 채권 및 채권형 펀드: 채권의 이자를 재투자함으로써, 투자자는 안정적인 복리 수익을 얻을 수 있다.

- 복리 이자를 제공하는 예금 상품: 일부 은행 상품은 복리 이자를 제공하며, 특히 장기간 예치할 경우 이익을 극대화할 수 있다.

- 자동 재투자 계획: 많은 투자 플랫폼은 이자와 배당금을 자동으로 재투자하는 옵션을 제공한다. 이를 통해 투자자는 복리 효과를 극대화할 수 있다.

- **DeFi 및 크립토 자산**: 최신 금융 기술인 DeFi는 복리를 적용하여 수익을 창출할 수 있는 다양한 금융 상품을 제공한다. 예를 들어, 스테이킹이나 유동성 공급을 통해 투자자는 복리 이자를 얻을 수 있다.

DeFi의 수익률은 크게 APR과 APY 두 가지로 표시된다.

- APR(Annual Percentage Rate): 연간 단순 이자율을 의미한다. 예를 들어, 30%의 APR로 $100를 투자하면, 연간 $30의 이자를 받게 된다.

- APY(Annual Percentage Yield): 연간 복리 이자율을 의미한다. DeFi에서 자주 볼 수 있는 'compounding'이라는 용어는 이 복리의 원리를 활용하여 수익을 극대화하는 것을 말한다. 30%의 APR로 $100를 투자하면, 매일 이자를 compounding하게 될 때 APY는 35%가 된다.

(예시) Compounding을 활용한 DeFi 장기 투자(복리로 DeFi 투자하기)

투자원금	APR	APY	투자기간	최종 도달 금액
$100,000	30%	35%	5년	**$447,893**
$100,000	30%	35%	10년	**$2,006,080**
$100,000	30%	35%	15년	**얼마가 될까? (답은 'Tom과 조 과장의 대화' 사진 아래)**

이 표에서 보면 $100,000을 현재 30% DeFi상품에 투자했을 때 Yield를 (이자수익) 매일 'compounding'하면 APY가 35%가 된다. 이렇게 10년을 투자하게 되면 10년 후에는 $2,006,080이 된다. 이 금액은 10년 동안 이더리움 가격 상승분이 전혀 없다고 가정했을 때에 도달하는 금액이다.

만약, 운이 좋게도 이더리움 가격이 10년 후 지금보다 상승했다고 하면 투자수익은 당연히 더 커지게 될 것이다. 그럴더라도 DeFi는 수수료 수익을 장기간 compounding함으로써 더 높은 투자수익이 발생하기 때문에, 이더리움 가격 상승에만 목을 매지 않아도 되는 장점이 있다.

"DeFi 장기 투자를 통해,
퇴직 후에도 플러스 현금흐름이 나올 수 있게 한다"

대다수 직장인에게 월급은 일상 생활을 유지하기 위한 기본적인 현금흐름이다. 이러한 현금흐름은 경제적 안정성을 제공하지만, 반대로 퇴직 시에 이러한 정기적인 수입이 사라지게 되면 많은 사람들이 경제적 위기에 직면하게 된다. 이러한 상황을 대비하여, 직장 생활 중에 추가적인 수입원을 창출하고자 하는 노력이 필수적이다.

부동산 투자는 자산 형성의 대표적인 방법 중 하나지만, 현금흐름 측면에서 볼 때는 늘 긍정적인 결과만을 가져오는 것은 아니다. 부동산을 소유함으로써 발생하는 정기적인 비용들 - 예를 들어 보유세금, 유지보수 비용, 그리고 대출 이자 등 - 이 현금흐름에 부정적인 영향을 미칠 수 있다. 이러한 비용들은 부동산에서 발생하는 수익을 상쇄할 수 있으며, 때로는 월세가 안 들어오는 기간이 길어지게 되면 소유자에게 순현금흐름을 마이너스로 전환시킬 수도 있다.

결국, 재테크와 자산 관리에서 중요한 것은 자산의 규모를 늘리는 것과 동시에, 지속적으로 플러스 현금흐름을 창출하고 유지하는 것이다. 현금흐름이 안정적이고 예측 가능할 때, 마음은 편안해지고, 얼굴에 웃음이 사라지지 않는다.

경제적 자유를 통해 내가 하고 싶은 일에 도전하는 것, 마음껏 놀러 다니는 것, 전 세계를 돌며 한 달 살기를 하는 것 등은 모두 급여 외 플러스 현금흐름이 있을 때 가능하다.

기존에 우리가 알고 있던 플러스 현금흐름을 만드는 투자 유형에, 이제부터 DeFi 투자를 더해 보자.

현금흐름을 창출하는 전통적인 투자 유형들(그리고 새롭게 추가된 DeFi)

투자 유형	구체적 전략	설명
부동산 투자	임대 수익	부동산을 임대하여 정기적 수입 창출. 안정적인 임대료와 장기 임대 계약으로 현금흐름 보장.
	부동산 개발	부동산 가치 상승을 통한 가치 증대. 초기 투자와 시간이 필요.
	REITs 투자	부동산 시장에 간접적으로 투자하고 수익을 얻으며 리스크 분산 가능.
금융자산 투자	주식 및 채권	배당금(주식)과 이자(채권)를 통해 정기적 수익 제공.
	상호 기금 및 ETFs	다양한 자산에 투자하여 위험 분산과 시장 평균 수익률 달성.
연금 투자	개인연금	개인이 자발적으로 가입, 납입 금액과 수익에 따라 노후 자금 마련.
	국민연금	공적 연금, 근로 활동을 통한 납입 금액에 따라 은퇴 후 수령.
	퇴직연금	기업 운영 연금, 장기 근속 시 은퇴 후 자금 수령, 선택한 투자 상품에 따라 수익률 변동.
DeFi 투자	**스테이킹 및 수확농사**	**암호화폐 스테이킹이나 유동성 제공을 통한 수익 창출.**

조 과장은 현재와 은퇴 후 현금흐름을 대략 계산해 보았다. 조 과장은 이것을 들고 Tom을 찾아갔다. 그리고 Tom은 조 과장의 현금흐름을 보고 이렇게 조언해 주었다.

▌조 과장의 현금흐름표

현재

항목	월금액(만 원)	연금액(만 원)
플러스(+) 현금흐름		
급여 수입	+500	+6000
이자 수익	+12	+150
주식 이익(연간) (작년에 일부 팔아서 천만 원 정도 이익이 났으나 올해 원금은 마이너스 상태임)	0(변동적)	+1000(변동적)
플러스 합계	+512	+7150
마이너스(-) 현금흐름		
대출 이자	-80	-960
부동산 세금	-10	-120
자동차 세금	-3	-35
생활비(변동적)	-400(변동적)	-4800(변동적)
마이너스 합계	-493	-5915

퇴직 후

항목	월금액(만 원)	연금액(만 원)
플러스(+) 현금흐름		
급여	0	0
주식 수익 추정치로 계산 불가 (연 5000만 원 이상 목표)	+400 이상 목표	+5000 이상 목표

개인연금 수익	+60	+700
플러스 합계	+60(주식 수익 제외)	+700 이상(주식 수익 제외)
마이너스(-) 현금흐름		
대출 이자	-80	-960
부동산 세금	-10	-120
자동차 세금	-3	-35
생활비	-500	-6000
마이너스 합계	-593	-7115

- Tom: 조 과장님 월단위로 고정적으로 발생하는 플러스 현금흐름을 지금부터라도 만드시는 게 좋을 것 같네요. 급여소득처럼요. 주식은 매년 꾸준히 이익을 내실 수 있으면 좋겠지만, 작년에는 이익을 내고 올해는 아직 마이너스 상황이니까……. 이 부분은 고정적이라기보다는 추가적인 플러스 현금흐름으로 놓고 생각하시는 게 맞을 것 같네요.

| Tom의 의견으로 바꾼 현금흐름

현재

항목	월금액(만 원)	비고
플러스(+) 현금흐름		
급여	+500	세후 금액
DeFi 수익	+100	월간 추정 수익
주식 수익	0	장기적인 투자 관점으로 접근. 현재는 월순이익이 없어도 됨.
플러스 합계	+600	

퇴직 후 예측

항목	월금액(만 원)	비고
플러스(+) 현금흐름		
급여	0	없음
DeFi 수익	+500	월간 추정 수익
주식 수익	+100	투자이익 매년 1천2백만 원 회수
개인연금	+58.33	월 환산액
플러스 합계	+658.33	

- Tom: 이렇게 되면 현재의 현금흐름을 퇴직 후에도 동일하게 유지할 수 있게 됩니다. 이와 같이 자산을 불리는 관점도 좋지만 이와 같이 매월 현금흐름 관점에서 준비해 가는 게 조 과장님한테는 필요한 것 같습니다. 직장을 영원히 다닐 수는 없으니까요.

"자신의 현재 현금흐름표와 퇴직 후의 현금흐름표를 만들어 보자."

Tom과 조 과장의 대화

답: $8,985,091(약 110억 원)

- Tom: 조 과장님, 주식 투자를 할 때, 항상 가격을 체크하시죠? 출근할 때나 퇴근할 때 심지어 화장실에서까지……. 가격이 오르면 기분 좋고, 떨어지면 기분 안 좋고 그러시죠? 그 이유는 주식은 가격이 반드시 상승해야 이익이 발생하기 때문이잖아요.
  DeFi는 조금 다릅니다. DeFi는 투자풀의 APR 혹은 APY를 보고 보통 투자하는데요. 가격상승분을 예측하지 않고, 해당 풀의 안정성과 Yield수익을 보고 투자해요. DeFi에 투자하게 되면 달라지는 패턴은 아침에 일어나서 간밤에 Yield가 얼마나 늘어나 있는지, 출근할 때 Yield 체크, 퇴근할 때 Yield 체크를 하게 됩니다. 즉 늘어나고 있는 이자수익을 보면서 웃게 됩니다. 좀 다르죠? 일상이…… 잠시만요…… 그러고 보니 지금 조 과장님하고 커피 마시고 있는 동안 커피값만큼 Yield가 늘었네요.
- 조 과장: 그럼 다음에 Tom님이 커피를 쏘시죠.

(3) Tom의 3Y(3 Yield) 투자 전략

투자 포트폴리오 전략은 투자자가 자산을 다양하게 분산시켜서 리스크를 최소화하고 수익을 극대화하기 위한 계획을 의미한다. 자산의 다양성을 통해 위험을 분산하고, 리스크 관리를 통해 안정성을 높이고, 다양한 움직임에 대응해서 수익을 극대화하는 방법이다.

DeFi에서도 포트폴리오 전략은 매우 중요하다.

그 이유는 투자자산의 안정성과 더불어 수익을 극대화하기 위해서 필요하지만, 다른 이유도 있다.

코인시장은 급등과 급락이 여타 다른 자산시장보다 심하기 때문에, 투자를 하다 보면 '탐욕', 'FOMO'를 느끼는 시점이 반드시 오게 되어 있다. 투자에서 반드시 컨트롤해야 하는 것이 '탐욕'과 'FOMO' 두 가지인데, 인간은 이 둘을 외면하는 게 너무 어렵기 때문에, 이것들을 컨트롤하는 방법으로 3Y 같은 포트폴리오 전략을 사용하는 것이다.

※ FOMO: FOMO란 'Fear Of Missing Out'의 약어로, 이 용어는 특히 금융 및 투자 분야에서 자주 사용되며, 다른 사람들처럼 이익을 얻는 기회를 놓치지 않기 위해 판단을 흩트리거나 불안해하는 심리적 상태를 나타낸다. FOMO는 특히 시장에서 급격한 가격 상승이나 특정 자산에 대한 관심이 높을 때 발생할 수 있다. 이는 때때로 경험하지 않은 투자자들이 어떤 기회를 놓치지 않으려는 욕구로 이어질 수 있다. 이러한 심리 때문에 터무니없이 상승한 고가의 아파트나 주식을 막차로 사는 일이 발생한다.

Chapter3를 마치기 전에는 이 전략을 이해하는 데에는 한계가 있을 수 있다. 그냥 이런 게 가능하다 정도만 이해하고, Chapter3까지 마치고 나서 다시 한번 읽어 보는 게 좋다. 또한 지금은 소액 투자일지라도 나중에 투자금액이 커지면 반드시 자신만의 포트폴리오 전략이 필요한데, 그때 '3Y' 투자 전략은 큰 도움이 될 것이다.

3Y 투자 전략은 Yield Rate(수익률)에 따라 세 개의 Layer로 포트폴리오를 구성하는 전략이다.

First Layer는,

Low Yield Rate상품에 주로 투자된다. 안정성이 제일 우선시하는 투자 전략이며, 투자원금을 지키면서, 안정적으로 수익을 추구하는 방법으로 DeFi 투자를 진행한다. DeFi로 들어가는 최초 투자원금은 First Layer로 구성한다. 보통 Yield Rate은 APR 20%~40%선으로 잡는다.

Second Layer는,

First Layer에 나오는 수익을 가지고 재투자하는 Layer이다. 이때 두 가지 방법이 있다.

첫 번째는 First Layer의 나오는 수익으로 먼저 First Layer 투자원금을 회수한 이후에 Second Layer를 구성하는 것이다.

두 번째는 투자원금은 일부만 회수하고, 수익의 대부분을 Second Layer로 구성하는 것이다.

두 가지 방법 중 선택은 First Layer에 투자된 자금의 출처에 따라서(대출금 여부 등), 그리고 코인 투자 환경에(강세장 혹은 약세장) 달렸다. 보통 Yield Rate은 APR 50%~80%선으로 잡는다.

Third Layer는,

Second Layer에서 나오는 수익으로 고수익 상품에 투자하는 Layer이다. Third Layer는 두 번째 발생한 수수료 수익을 가지고 투자하기 때문에 First Layer의 현금흐름에 영향을 주지 않는다. 따라서 좀 더 과감하게 투자가 가능하다.

여기서 주의할 점은 First Layer의 수익을 Second Layer를 거치지 않고 바로 Third Layer의 고수익 상품에 투자하는 경우인데, 이럴 경우는 Third Layer가 실패할 경우에, 전체적으로 현금흐름이 제로가 될 수 있으므로 이건 좋은 방법이 아니다. Third Layer의 Yield Rate은 APR 150% 이상으로 잡는다.

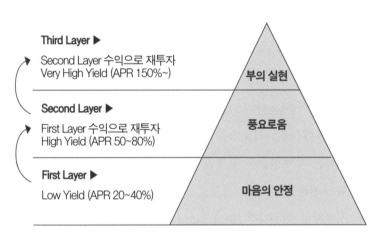

DeFi 이렇게 해 보자. 3Y 투자 전략

3Y 투자 전략의 예를 들어 보면 다음과 같다.

Tom은 $100,000 원금을 마련하여 DeFi 투자를 시작하였다.

처음에는 First Layer 투자로 시작한다.

Uniswap의 ETH-USDC pair Pool에 $100,000을 투자하였고, APR은 35%~45% 나오는 Pool이다.

첫 달에 $3,200 수수료 수익이 발생한 것을 원금에 compounding을 해 주었다. 이런 식으로 매달 수수료 수익을 compouding을 해 주었더니 투자 7개월 차에 투자금이 $120,000가 되었다. Pool의 원금이 20% 증가했으므로, 이후에 발생하는 수수료 수익은 Second Layer로 투자하기로 하였다. 그리고 현재 비트코인 강세가 예상되는 등 코인 시장상황이 좋기 때문에, 원금 회수를 100% 하지 않고 20% 증가된 상황에서 Second Layer 투자를 하기로 결정하였다.

7개월 차 수수료 수익은 $3,800가 발생하였고, 이를 ETH-ARB pair Pool에 투자하였다. 이때 high yield를 위해서 pool range를 다소 narrow하게 잡고 구성하였다. APR은 80%가 나왔다.

8개월 차부터는 수수료 수익이 다음과 같이 두 개가 나왔다.

① First Layer 수수료 수익: $120,500 × 38% ÷ 12개월 = $3800
② Second Layer 수수료 수익: $3,800 × 80% ÷ 12개월 = $250

이때부터는 First Layer 수익은 Second Layer로 내리고, Second Layer 수익은 해당 pool에 Compounding하였다. 5개월을 진행하니 다음과 같이 되었다.

① First Layer 수수료 수익: $3,800
② Second Layer 수수료 수익: $21,708 × 80% ÷ 12개월 = $1,447

Second Layer 5개월 차부터(최초 투자시점에서부터는 12개월 차) 발생하는 수익은 Third Layer로 내리기로 하였다. Third Layer는 위험하지만 Yield가 높고, 코인이 저평가되어 있어 앞으로 상승의 확신이 든다고 판단한 A코인에 투자하기로 하였다.

A코인과 ETH를 매칭해서 Uniswap이 아닌 별도의 AAA DApp에 예치하기로 하였다. 이 풀의 APR은 150%다.

13개월 차 투자수익은 이렇게 발생하였다.

① First Layer 수수료 수익: $3,800
② Second Layer 수수료 수익: $25,508 × 80% ÷ 12개월 = $1,701
③ Third Layer 수수료 수익: $1,447 × 150% ÷ 12개월 = $181

이렇게 5개월을 더 운영하고 있었는데, A코인 시세가 급등하기 시작해서 400% 가까이 상승하였다. Third Layer인 A코인-ETH pool의 가치가 두 배 가까이 증가하여 $24,000가 되었다.

18개월 차(투자시점에서 1년 6개월 경과) 투자수익은 다음과 같이 발생하였다.

Third Layer는 A코인이 급등하면서 Yield가 120%로 조정되었다. 이때부터는 Second Layer와 Third Layer 수익은 재투자하지 않고 쓰기로 하였다. 이 금액은 매월 $5,367였다. 오늘 환율로 계산해 보니 ₩6,916,000 ($5,367 × 1300)였다. DeFi 수익이 이제 월급을 넘어서는 순간이었다. 물론 18개월 차 투자수익 중 First Layer 수익을 다시 Second Layer로 재투자하는 것은 그대로 유지하기로 했다.

① First Layer 수수료 수익: $3,800 → 계속 재투자

② Second Layer 수수료 수익: $44,508 × 80% ÷ 12개월 = $2,967 → 원화로 인출

③ Third Layer 수수료 수익: $24,000 × 120% ÷ 12개월 = $2,400 → 원화로 인출

[결과]

$100,000 투자18개월 차 현금흐름

→ 매월마다 재투자하는 금액: $3,800(4,940,000원)

→ 매월마다 인출하는 현금: $5,367(6,916,000원)

이 사례는 ETH코인 가치가 투자시점 가격과 같다고 판단하고 계산한 결과다. 또한 Third Layer에서 투자한 A코인이 Tom이 예측한 대로 급등을 했다고 가정하고 계산한 결과다.

실제 투자에서는 ETH 가격 변동에 따라 수익 변동도 있을 수 있다. 또한, Third Layer 투자는 코인 상승을 목표로 고위험 고수익 투자이므로 이 예시처럼 잘될 수도 있지만, 때로는 A코인이 크게 하락하는 경우도 발생할 수 있다는 것을 염두해 두자.

우리는 아직 DeFi를 실제로 해 보지 않았기 때문에, 앞의 내용 중에 'Pool에 투자한다든가…', 'compounding을 한다든가…' 등 이해가 안 되는 부분이 있을 것이다.

우선은 이런 방식으로 DeFi를 하게 되면, '내 투자자산에 어떤 그림이 그려지겠구나' 하고 Vision을 만들어 보고 넘어가자. 그리고 Chapter3, 4

를 모두 읽고 나서 돌아와 이 부분을 다시 보면 도움이 될 것이다.

이를 한눈에 볼 수 있게 투자기간별로 정리해 보았다.

Period	활동	Layer	Dapp	Pool	총 예치금($)	APR(%)	월 Yield($)
23년 1월	Pool 구성	First	Uniswap	ETH-USDC	100,000 (투자원금)	38%	3,167
23년 2월	Yield compounding	First	Uniswap	ETH-USDC	103,167	38%	3,267
23년 3월	Compounding	First	Uniswap	ETH-USDC	106,434	38%	3,370
23년 4월	Compounding	First	Uniswap	ETH-USDC	109,804	38%	3,477
23년 5월	Compounding	First	Uniswap	ETH-USDC	113,281	38%	3,587
23년 6월	Compounding	First	Uniswap	ETH-USDC	116,868	38%	3,701
23년 7월	Compounding	First	Uniswap	ETH-USDC	120,569	38%	3,818
23년 8월	Compounding	First	Uniswap	ETH-USDC	120,569	38%	3,818
23년 8월	Pool 구성	Second	Uniswap	ETH-ARB	3,800	80%	253
23년 9월	Yield Claim	First	Uniswap	ETH-USDC	120,569	38%	3,818
23년 9월	First Yield Add Compounding	Second	Uniswap	ETH-ARB	7,853	80%	524
23년 10월	Yield Claim	First	Uniswap	ETH-USDC	120,569	38%	3,818
23년 10월	First Yield Add Compounding	Second	Uniswap	ETH-ARB	12,177	80%	812
23년 11월	Yield Claim	First	Uniswap	ETH-USDC	120,569	38%	3,818
23년 11월	First Yield Add Compounding	Second	Uniswap	ETH-ARB	16,789	80%	1,119

23년 12월	Yield Claim	First	Uniswap	ETH-USDC	120,569	38%	3,818
	First Yield Add Compounding	Second	Uniswap	ETH-ARB	21,708	80%	1,447
24년 1월	Yield Claim	First	Uniswap	ETH-USDC	120,569	38%	3,818
	First Yield Add Compounding	Second	Uniswap	ETH-ARB	25,508	80%	1,701
	Pool 구성	Third	AAA	A-ETH	1,447	150%	181
24년 2월	Yield Claim	First	Uniswap	ETH-USDC	120,569	38%	3,818
	First Yield Add	Second	Uniswap	ETH-ARB	29,308	80%	1,954
	Second Yield Add Compounding	Third	AAA	A-ETH	3,328	150%	416
24년 3월	Yield Claim	First	Uniswap	ETH-USDC	120,569	38%	3,818
	First Yield Add	Second	Uniswap	ETH-ARB	33,108	80%	2,207
	Second Yield Add Compounding	Third	AAA	A-ETH	5,698	150%	712
24년 4월	Yield Claim	First	Uniswap	ETH-USDC	120,569	38%	3,818
	First Yield Add	Second	Uniswap	ETH-ARB	36,908	80%	2,461
	Second Yield Add Compounding	Third	AAA	A-ETH	8,618	150%	1,077
24년 5월	Yield Claim	First	Uniswap	ETH-USDC	120,569	38%	3,818
	First Yield Add	Second	Uniswap	ETH-ARB	40,708	80%	2,714
	Second Yield Add Compounding	Third	AAA	A-ETH	12,156	150%	1,519

24년 6월	Yield Claim	First	Uniswap	ETH-USDC	120,569	38%	3,818
	First Yield Add	Second	Uniswap	ETH-ARB	44,508	80%	2,967
	Second Yield Add Compounding	Third	AAA	A-ETH	24,000 (A코인 시세 급등으로 예 치금이 두 배 상승)	150%	2,431

이처럼 '3Y' 투자 전략은 시간이 지남에 따라 투자수익이 무섭게 늘어
난다.

그 이유는 '3Y' 투자 전략은 안전 투자와 복리를 이용한 장기 투자, 그
리고 포트폴리오 투자가 모두 담겨 있는 투자 방법이기 때문이다.

밈코인(meme coin)

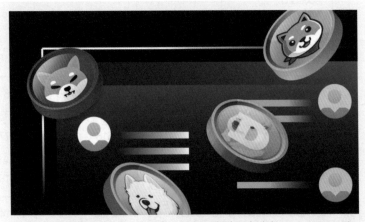

출처: https://academy.binance.com/en/articles/what-are-meme-coins

코인 투자를 하다 보면 자연스럽게 접하게 되는 급등 코인이 있다. 그것은 바로

밈(meme)코인이다. 밈코인이 바로 FOMO의 대표적인 사례이기도 하다. 주식으로 보면 테마주와 비슷하지만 더욱 변동성이 크다.

밈코인은 강세장에서 무엇보다 두드러지는 상승을 보이게 되는데, 하루 상승이 많게는 100% 이상 나오는 경우가 있다. 이렇게 상승한 밈코인은 그 끝을 모르게 끝없이 올라간다. 왜 올라가는가? 이유는 간단하다. 사람들이 상승하기를 바라는 밈코인이기 때문이다. 상승할 거라고 확신하고 계속 매수가 일어나기 때문이다. 하지만, 반대로 사람의 관심이 멀어질수록 끝없이 하락하기도 한다.

문제는 밈코인은 널려 있다는 것이다. 강세장에 하루를 멀다 하고 하나씩 출몰한다. 그 중에 10배, 100배 이상을 가는 밈코인을 찾는 다는 것은 생각보다 쉽지는 않다. 오히려, 상승하는 밈코인을 매수했다가 손해를 볼 확률이 높다. 그러나, 10배 이상 올라가는 밈코인을 가만히 보고 있자니 FOMO가 자꾸 고개를 든다. 이런 경우는 코인을 하다 보면 발생하는 자연스런 현상이다. 특히 주식을 할 때 테마주 매매를 해 본 사람이라면, 밈코인의 유혹을 떨쳐 버리기가 여간 어려운 게 아닐 것이다.

그렇다면 밈코인은 어떻게 투자하면 좋을까?
추천하는 방법은 Third Layer 수익으로 소규모 투자하는 것이다. First layer나 Second layer 자금으로는 절대 밈코인 투자를 하지 않는다. 정말 밈코인을 사고 싶다면, 원금에 전혀 영향을 미치는 않는 Third Layer 수익으로 사면 된다. 그것도 소량만. 소량이라도 상관없다. 어차피 제대로 밈코인을 골랐다면 10배, 100배 이상 올라갈 것이기 때문이다.

밈코인을 보고 싶다면,
다음 주소를 참조하기 바란다. 새롭게 등장하는 밈코인을 확인할 수 있다.

시가총액 기준 상위 Memes 토론

이 페이지에는 상위 밈(meme) 코인 및 토큰이 나열되어 있습니다. 이러한 프로젝트는 시가총액 기준으로 가장 규모가 큰 것부터 내림차순으로 나열됩니다.

시가총액	거래량
$23,026,917,122	$1,821,316,874
▼ 1.50%	▲ 3.82%

# ▲	이름		가격	1h %	24시간 %	7d %	시가총액	거래량 (24시간)	유통 공급량
☆ 10	Dogecoin	DOGE	$0.09399	▼ 0.79%	▲ 3.77%	▼ 3.90%	$13,385,959,400	$478,580,425 5,203,501,159 DOGE	142,414,866,384 DOGE
☆ 16	Shiba Inu	SHIB	$0.00001085	▲ 1.67%	▲ 3.83%	▼ 5.46%	$6,392,222,513	$183,740,125 12,338,315,602,795 SHIB	589,300,486,343,633 SHIB
☆ 75	Bonk	BONK	$0.00001381	▼ 2.56%	▲ 11.17%	▲ 30.59%	$840,025,765	$233,940,532 14,949,953,084,127 BONK	60,837,624,528,359 BONK
★ 102	Pepe	PEPE	$0.00000144	▼ 3.40%	▲ 9.91%	▼ 13.97%	$605,684,955	$152,810,232 114,365,838,771,779 PEPE	420,689,899,999,995 PEPE
☆ 153	FLOKI	FLOKI	$0.0000378	▼ 0.81%	▼ 9.67%	▼ 2.77%	$359,555,727	$25,994,621 737,338,954,577 FLOKI	9,512,639,953,599 FLOKI
☆ 186	Memecoin	MEME	$0.02935	▼ 1.79%	▲ 2.77%	▼ 6.62%	$260,222,775	$55,415,824 1,918,501,286 MEME	8,867,360,382 MEME
☆ 300	Baby Doge	BabyDoge	$0.0...01493	▼ 3.03%	▼ 7.03%	▼ 3.16%	$214,539,544	$2,537,393 143,788,799,572,300,472 BabyDoge

출처: https://coinmarketcap.com/ko/view/memes/

디파이(DeFi)
투자를 위해
알아야 할 코인 지식

암호화폐의 큰 흐름

암호화폐의 큰 흐름을 이해하려면 2008년 비트코인의 등장부터 시작해야 한다. 비트코인은 최초의 디지털 화폐로, 그 중요한 특징 중 하나는 '반감기'다. 반감기는 약 4년마다 비트코인 보상이 절반으로 줄어드는 현상을 말한다. 비트코인 네트워크에서 새로운 블록을 생성하면(약 10분마다 발생), 그 블록을 찾은 채굴자(또는 채굴 풀)에게 보상이 주어진다. 이 '블록 보상'이 바로 반감기를 통해 절반으로 줄어드는 것이다.

반감기 시기	보상	비트코인 가격 변동
2012년	25BTC	상승
2016년	12.5BTC	상승
2020년	6.25BTC	큰 상승 및 안정
2024년 예정	3.125BTC	(어떻게 될 것인가?)

반감기가 진행될 때마다, 비트코인 가격은 상승하는 추세를 보였다. 반감기가 약 4년에 한 번씩 오기 때문에 4년에 한 번씩 상승장이 온다는

얘기다.

이는 비트코인의 고유한 특성으로 인한 것이며, 알트코인들과 비트코인의 가격이 동조화되는 현상도 주목해야 한다. 특히, 비트코인 가격이 상승할 때 대부분의 알트코인들의 가격도 함께 상승하는 경향을 보인다. 반대로 비트코인이 하락할 때, 알트코인들도 대부분 함께 하락하는 모습을 보여주곤 한다.

이러한 동조화 현상은 시장 참여자들의 심리와 투자 전략, 그리고 투자자들 간의 상호작용 때문에 발생한다. 이러한 반감기를 기점으로 해서 보통 1년~1.5년은 강세장이고, 2~3년은 약세장이 그동안 진행해 왔다. 이런 사이클을 잘 활용하면서 투자해야 하는 것이 암호화폐 투자다.

비트코인 반감기 역사

① 2012년 12월 28일, 첫 번째 반감기

이날의 BTC 가격은 $12.2였다.

첫 번째 반감기에서는 비트코인 채굴 보상이 50%가 감소하여 블록당 50에서 25 비트코인으로 조정되었다. 그러나 그 당시에는 반감기의 영향이 아직 가격에 완전히 반영되지 않은 상태였다. 2012년 첫 번째 반감기 이후 수개월 동안 네트워크 해시레이트와 난이도가 감소했다. 왜냐하면 수익성이 떨어져 채산성이 안 나오는 채굴자들이 기계를 끄기 시작했기 때문이다.

그러나 2013년 초에 비트코인은 첫 번째 주요 상승 행진을 시작하여 연말까지 $13에서 $1,000 이상으로 급등했다. 채굴자들이 모두 채굴기계를 팔고 항복할 것이라는 우려는 대부분 근거가 없었다. 네트워크는 원활하게 운영되었고, 비트코인 커뮤니티는 초기 교훈을 얻었다: 반감기는 비트코인 네트워크와 비트코인 가격에 대해 상승적인 영향을 미친다는 것이다.

② 2016년 7월 9일, 두 번째 반감기

이날의 BTC 가격은 $640.56였다.

두 번째 반감기에서는 블록 보상이 추가로 50% 감소하여 25에서 12.5 BTC로 조정되었다. 참여자들은 2012년의 기억이 아직 신선한 상태에서 반감기에 의해 주도될 또 다른 상승장을 기대했다. 많은 사람들은 가격이 급등할 것으로 예측했다. 그러나 일부는 더 작은 채굴 보상이 채굴 수익을 압축시키고 네트워크를 손상시킬 수 있다고 경고했다. 그런데, 비트코인은 2017년에 엄청난 상승을 경험했다. 연말까지 가격은 거의 $20,000에 이르렀고, 이는 암호화폐가 전 세계적인 주목을 받은 첫 번째 순간이었다. 이것이 앞으로 네 해 뒤에 더 큰 상승장을 준비한 무대를 마련했다.

③ 2020년 5월 11일, 세 번째 반감기

이날의 BTC 가격은 $8,605였다.

세 번째 반감기에서는 채굴 보상이 다시 절반으로 줄었다. 예측 가능한 일이지만 놀랍게도 혁명적인 사건이었다. 채굴 보상이 블록당 6.25 BTC로 줄어들면서 비트코인은 또 다른 상승장을 준비하고 있었다. 기관의 증가와 비트코인을 인플레이션에 대비한 헤지 수단으로서의 역할에 대한 추측이 퍼졌다.

반감기 이후에도 비트코인 가격은 다시 급등했다. 참여자들은 이미 이 시점에 준비가 되어 있었으며 이미 교훈을 배운 상태였다. 반감기 날은 기대되었지만, 실제로는 2021년의 놀라운 상승장이 시작되기 전까지 진정한 축하가 이루어지지 않았다. 세계적인 혁신자이자 부호인 일론 머스크가 이때 비트코인 보유자로 합류하였다. 많은 사람들은 역사가 2024년에 다시 반복될 것으로 예상하고 있다.

④ 2024년 4월 15일(예상), 네 번째 반감기

이날의 BTC 가격은 얼마가 될 것인가?

다음 반감기는 채굴보상이 블록당 3.125 BTC로 줄어들게 될 것이다. 참여자들은 이 중요한 순간을 열렬히 기다리고 있다. 이제는 곳곳에 반감기를 계산하는 사이트를 만날 수 있다.

비트코인의 총 공급량은 21,000,000개이며, 현재까지(2023. 12. 16 기준) 시장에 풀린 공급량은 약 19,570,000개이다. 나머지 약 1,430,000개 정도는 2149년까지 천천히 시장에 공급될 예정이다.

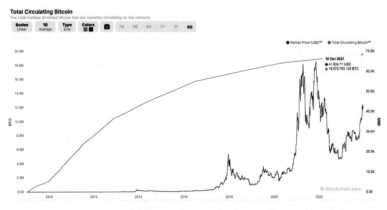

출처: https://www.blockchain.com/explorer/charts/total-bitcoins

차트를 보면 파란색이 비트코인 공급량을 나타내는데 처음에는 시장에 많이 공급되지만, 시간이 지남에 따라 시장에 풀리는 공급량이 감소하는 것을 볼 수 있다.

이는 4년에 한 번씩 오는 반감기 때문이다. 따라서 앞으로는 점점 더 적은 양이 시장에 공급될 것이고 이렇게 2149년까지 진행되는 것이다.

비트코인의 보안성과 네트워크의 안정성을 나타내는 중요한 지표가 'Hashrate'다.

Hashrate는 특정 시간 내에 네트워크에 의해 수행된 해시 연산의 횟수를 나타내며, 이는 비트코인 네트워크의 컴퓨팅 파워를 의미한다. 일반적으로 hashrate가 높을수록 비트코인 네트워크는 더 안전하다고 여겨진다.

Hashrate와 비트코인의 가격은 밀접한 관련이 있다. 일반적으로 hashrate가 증가하면, 그에 따라 비트코인의 가격도 상승하는 경향이 있다. 보통 하락장보다는 강세장에서 hashrate 변화가 가격에 영향을 미치곤 한다.

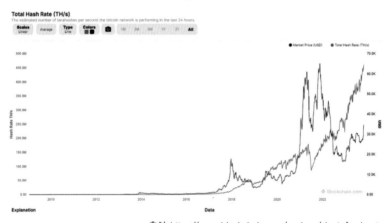

출처: https://www.blockchain.com/explorer/charts/hash-rate

차트에서 보면 파란색 선이 hashrate를 나타내는데, 비트코인의 hashrate는 지속적으로 증가하는 추세를 보이고 있다. 이는 채굴 기술의 발전과 비트코인 네트워크에 대한 믿음으로 인해 채굴자들의 참여가 늘어나기 때문이다. 이러한 추세가 계속될 경우, 비트코인의 보안성은 더욱 강화될 것으로 예상된다.

이더리움 관련 핵심 정보

DeFi를 할 때 이더리움을 이해하는 것은 무엇보다 중요하다. 여기에는 꼭 알아야 하는 정보 중심으로 기술하지만, 나중에 본인이 꼭 DYOR (Do Your Own Research)하길 바란다.

이더리움(Ethereum)은 블록체인 기술을 사용해 스마트 계약과 분산 애플리케이션(DApps)을 실행하는 오픈 소스 플랫폼이다. 2015년에 라이브로 론칭된 이더리움은 가상 머신, 즉 이더리움 가상 머신(EVM)을 통해 스마트 계약 코드를 실행한다. 이더리움의 내부 암호화폐는 이더 (ETH)이며, ETH코인은 이더리움 블록체인에서 거래 수수료를 지불하고 스마트 계약을 실행하는 데 사용된다.

(1) 이더리움의 발전 과정

이더리움이 시작된 것은 아주 오래전 얘기가 아니다. 매우 최근의 일

이다.

- 출시 및 ICO: 이더리움은 2014년에 초기 코인 제공(ICO)을 통해 자금을 모았고, 2015년에 공식적으로 블록체인 네트워크를 시작했다.
- 스마트 계약과 DApps: 초기에 이더리움은 스마트 계약과 탈중앙화 애플리케이션 개발의 새로운 지평을 열었다.
- DAO 사태와 이더리움 클래식의 분리: 2016년 DAO 프로젝트의 취약점을 이용한 대규모 해킹 사건 후, 네트워크는 이더리움(ETH)과 이더리움 클래식(ETC) 두 갈래로 나뉘었다.
- 네트워크 업그레이드: 이후 여러 가지 업그레이드가 이루어졌고, 대표적으로 '비잔티움(2017)', '콘스탄티노플(2019)' 등이 있다.
- 이더리움 Merge(2022): 지속가능성과 확장성을 개선하기 위해 이더리움은 작업증명(PoW)에서 지분증명(PoS) 기반의 새로운 블록체인으로 전환하였다.

(2) 최근의 중요 업그레이드

1) 런던 업그레이드(EIP-1559)

이더리움의 업데이트 중 하나는 네트워크의 트랜잭션 수수료 메커니즘을 변경하는 것으로, 이는 일명 EIP-1559(이더리움 개선 제안 1559)로 알려져 있다. 이 업데이트는 2021년 8월에 이더리움 런던 하드 포크의 일부로 도입되었다. EIP-1559의 핵심 변경 사항 중 하나는 트랜잭션 수수료를 두 부분으로 나누는 것이다.

하나는 '기본 수수료'로, 이는 네트워크의 현재 수요에 따라 결정되며 각 블록마다 다르게 설정된다. 또 다른 부분은 '팁'이라고도 불리는 '우선순위 수수료'로, 사용자가 빠른 트랜잭션 처리를 위해 지불할 수 있는 선택적 수수료다.

기본 수수료는 사용자가 지불한 후 네트워크에 의해 '소각'되어, 이더리움의 전체 공급량에서 제거된다. 이 메커니즘의 도입은 이더리움의 경제 모델에 중요한 변화를 가져왔는데, 특히 네트워크 사용이 많은 기간에는 이더리움의 인플레이션을 감소시키고, 궁극적으로는 이더리움을 약간의 디플레이셔너리(deflationary) 자산으로 만들 가능성이 있다. 이 변경은 또한 수수료 시장을 더 예측 가능하게 만들고, 사용자에게 더 나은 트랜잭션 수수료 추정을 제공하는 것을 목적으로 한다.

2) 상하이 업그레이드

상하이 업그레이드는 이더리움 2.0으로의 전환을 위한 중요한 단계 중 하나로, 이 업그레이드는 사용자들이 자신의 스테이킹된 이더(ETH)를 출금할 수 있도록 하는 기능이 포함된다. 이를 통해 네트워크의 보안을 강화하고, 스테이킹 참여자들에게 보상을 제공함으로써 더 많은 사용자들이 스테이킹에 참여하도록 유도할 것이다. 또한, 이 업데이트는 더 낮은 가스 비용과 향상된 트랜잭션 처리 속도 등 이더리움 네트워크의 전반적인 성능 개선을 목표로 한다.

(3) 디파이(DeFi)와 이더리움

  비트코인과 이더리움의 가장 큰 차이는 스마트 계약의 유무다.

  이더리움이 스마트 컨트랙트라는 강력한 기능을 가졌다고 했지만, 초기에는 과연 이것이 왜 필요한지 정말 강력한 기능인지 의문이 많았다. 2017년 강세장에서조차도 스마트 컨트랙트의 유용성보다는 코인 채굴이나 코인별 특징(예를 들면 익명성, 속도), 네트워크 효과 크기를 가지고 코인의 상승을 예측하는 경향이 강했다.

  이러한 흐름에 변화를 준 계기는 바로 DeFi(Decentralized Finance)의 등장이다. 실제로 DeFi는 2017년 MakerDAO라는 DApp이 나오면서 시작되었지만, 대중화되는 데에는 한계가 있었고, 실제로는 2019년부터 TVL(Total Value Liquidity)이 증가하기 시작했다. TVL은 DeFi라는 DApp에 예치된 돈의 총금액인데, 쉽게 생각해서 은행에 예금규모라고 보면 된다. 2019년부터 DApp이 본격적으로 마구 개발되고 사용되기 시작했다.

TVL 증가 추이(2019~2020)

2019년 1월 1일 $660,000(한화 약 8억 7천만 원)
→ 2020년 12월 31일 $15B(한화 약 20조)

출처: https://DeFillama.com/

TVL이 저렇게 크게 증가한 데는 예치금의 증가도 있지만, DeFi 관련 코인의 신규 발행과 급등도 영향을 주었다.

DeFi(Decentralized Finance)는 전통적인 금융 시스템의 중앙 집중화된 통제를 없애고, 블록체인 기술을 통해 탈중앙화된 금융 생태계를 만들기 위한 운동인데, 이더리움은 이러한 DeFi 애플리케이션의 주요 플랫폼으로 자리 잡으면서 더욱 성장하게 되었다.

요약을 해 보면,

- DeFi의 탄생: 이더리움은 스마트 계약을 사용해 P2P 금융 서비스를 가능하게 하며, 이로 인해 DeFi가 태동하게 되었다. (2017~2018)
- DeFi 생태계의 성장: 대출, 거래, 유동성 마이닝 등 다양한 DeFi 프로젝트가 이더리움상에서 활발히 성장했다. (2019~)
- 이더리움의 역할: 이더리움은 DeFi 생태계에서 중앙집중식 금융 기관이 하던 역할을 대체하는 스마트 계약을 배포하고 실행하는 기본 플랫폼으로 자리 잡았다.

비트코인은 총공급량이 정해져 있고, 대략 4년에 한 번씩 보상이 반으로 줄어드는 반감기를 거치게 되는데, 이더리움은 공급량과 보상은 어떻게 되는 것일까? 보통 사람들은 이더리움의 공급량은 무한대이므로 인플레이션으로 인해 코인 가격이 점점 하락할 것이라고 얘기한다.

이더리움 공급량 추이

위의 데이터는 이더리움 전체 개수가 감소하고 있다는 것을 보여 준다.

출처: https://ultrasound.money/

Merge와 런던 업그레이드 이전에는 이더리움 공급량은 무한대이고 인플레이션이 발생하고 있었다. 하지만 이제 상황은 달라졌다. 이 두 개의 큰 업그레이드로 인해 현재 이더리움은 소폭 디플레이션되고 있다.

스테이블코인 관련 핵심 정보

스테이블코인(Stablecoin)은 이름 그대로 가치가 안정적인 암호화폐를 지칭한다. 대부분의 스테이블코인은 특정한 통화(예: 미국 달러)에 고정되어 있어서 가치의 변동이 상대적으로 적다. 이는 가격의 안정성을 제공하며, 투자자에게 암호화폐 시장에서의 변동성에 대한 일종의 안전장치 역할을 한다.

업비트나 빗썸의 국내거래소에서는 이러한 스테이블 코인을 지원하지 않지만, 바이낸스 같은 해외거래소를 이용할 시에는 스테이블코인을 통해서 코인을 사고파는 경우가 많다. 또한 특정 코인을 보유하기 전에 변동성으로부터 투자금을 지키기 위해 스테이블코인 형태로 계좌에 보유하는 경우도 많다. 따라서, 스테이블 코인은 해외거래 시 어떤 형태로든 보유하게 되므로 이 부분에 대해서도 충분히 알아야 한다.

① 안정성을 제공하는 원리: 스테이블코인의 가치 안정성은 주로 특정한 자산이나 통화에 연계되어 있기 때문이다. 대표적으로는 미국

달러, 유로, 물리적 자산 등이 사용된다. 이 연계는 일반적으로 1:1로 이루어질 수도 있지만, 스테이블코인에 따라 다양한 연계 비율이 적용될 수 있다.

② 종류: 스테이블코인은 크게 세 가지 유형으로 나눌 수 있다.

- 통화에 연계된 스테이블코인: 미국 달러나 다른 통화와 1:1로 연계된 예로는 USDC, USDT 등이 있다.
- 암호화폐에 연계된 스테이블코인: 다른 암호화폐나 자산에 연계된 스테이블코인으로, 예로는 DAI가 있다.
- 자산에 연계된 스테이블코인: 금, 은, 기타 물리 자산 등과 연계된 스테이블코인도 있다. 이 중에서 미국 달러와 연계된 스테이블코인이 주로 DeFi에 사용된다.

③ 용도: 스테이블코인은 주로 다음과 같은 용도로 사용된다.

- 거래의 안정성: 가격이 상대적으로 안정적이기 때문에 일상적인 코인 거래나 송금에 사용된다.
- 투자의 안전망: 암호화폐 시장의 가격 변동성을 피하기 위한 안전한 자산으로 활용된다.

④ 투자 시 주의사항: 스테이블코인은 안정적인 가치를 제공하지만, 투자자는 연계된 자산이나 통화의 안정성을 신중히 평가해야 한다. 또한 스테이블코인을 이용하는 플랫폼이 안전하고 신뢰성 있는지 확인해야 한다.

스테이블코인 또한 코인이므로 새로운 스테이블코인을 보유할 때는 항상 DYOR(Do Your Own Research)을 해야 한다. 다른 스테이블코인

보다 매우 높은 이자를 주는 스테이블코인이 있다면 여기에 투자할 때는 매우 신중해야 한다. 우리가 스테이블코인을 보유할 때는 항상 잊지 말아야 할 것이 있다. 바로 안정성과 저변동성이다. 스테이블코인이 주는 Yield가 우선시돼서는 안 된다. 현재 가장 널리 통용되고 있는 스테이블코인을 사용하는 게 가장 안전한 방법이다.

(1) LUNA와 UST의 폭락

스테이블코인이 주는 Yield에 현혹되어 투자실패 사례로는, LUNA와 연동되어 발행된 UST라는 스테이블코인이 있다. UST는 Luna를 만든 테라폼랩스에서 발행한 스테이블코인이다.

스테이블코인의 이자는 Deposit(예치)와 Borrowing(대출) 금액에 따라 실시간으로 변화하게 된다. 보통 시중 금융기관에서 주는 이자보다 몇 % 정도 높게 형성되는 게 일반적이다. 시중 금리가 3%라면 5~8% 정도에 형성되고, 시중 금리가 1%라면 3~5%로 금리가 보통 형성된다.(그러나, 5% 금리가 때로는 대출금 증가로 인해 10% 이상까지 올라가는 경우가 있지만, 며칠 지나면 다시 원래 위치로 돌아온다.)

그러나 테라폼랩스가 만든 LUNA와 연동되어 운영되는 알고리즘 방식의 UST라는 스테이블코인은 Anchor Protocol에 예치 시 20%의 이자를 **고정적으로** 지급해 주었다.

사람들은 처음에는 믿을 수 없어서 조금만 투자했지만, 이자가 안정적으로 지급되자 나중에는 투자금도 늘리고, 받은 이자도 다시 예치했지만, 결국에는 UST 가격이 폭락하면서 엄청난 손실을 입었다.

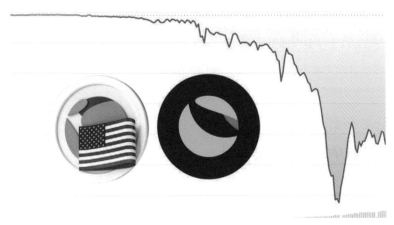

출처: https://coinmarketcap.com/academy/article/ust-stablecoin-implodes-and-falls-to-0-68-bitcoin-reserves-liquidated-luna-crashes-50

UST는 결국 디페깅되었고 현재 UST 가격은 $0.014 이다. $1가 99%까지 폭락하게 되었다. (디페깅은 달러와 1:1를 유지하는 가격이 깨졌다는 것을 의미한다)

그 당시의 Anchor Protocol 투자 화면에는 UST를 예치 시에 20%를 준다고 쓰여 있다.

초보단계에서는 특별한 일이 없다면 USDT, USDC라는 스테이블코인을 쓰면 된다.

그 외의 스테이블코인에 대해서는 충분히 공부하고 나서 이용하도록 한다.

(2) 현재 가장 많이 사용하고 있는 스테이블코인 USDT, USDC

1) USDT(Tether)

USDT는 Tether Limited가 발행한 스테이블코인이다. 미국 달러와 1:1로 연계돼 있어, 각 발행된 USDT는 실제 미국 달러가 예치된 계좌와 대응한다.

스테이블코인은 발행 시 지급준비금 예치를 100% 해야 하는데, 이와 관련돼서 Tether는 여러 번의 불투명성과 의심을 사는 일이 많았다. 이런 일로 인해서 최근에는 자사 홈페이지에 지급준비금(reserve)과 관련된 정보를 항상 제공하고 있다.

* Tether 홈페이지의 지급준비금 관련 감사 정보

다음 붉은색 부분 내용은 다음과 같다.

The Group's consolidated total assets amount to at least US$ 86,384,653,832.

(그룹의 통합 총 자산은 적어도 86,384,653,832 미국 달러에 달한다.)

The Group's consolidated total liabilities amount to US$ 83,176,997,409 of which US$ 83,153,363,6632 relates to digital tokens issued

(그룹의 통합 총 부채는 83,176,997,409 미국 달러로, 이 중 83,153,363,6632 미국 달러는 발행된 디지털 토큰과 관련이 있다.)

출처: https://tether.to/en/transparency/#reports

2) USDC(Circle)

Tether사의 USDT가 먼저 발행되었고, 바이낸스 거래소에서 USDT-코인 거래가 대부분을 차지하고 있는 상황에서 뒤늦게 Circle사는 USDC를 발행하였다. USDC는 늦게 발행되었음에도 불구하고 빠르게 시장에서 사용되기 시작했다. 처음부터 투명성을 강조한 USDC는 USDT의 대안이 될 수 있다는 심리가 퍼지면서 DeFi에서 USDC의 사용이 증가하게 되었다. 그렇게 되면서 Arbitrum이나 Optimism 같은 이더리움 L2에서는 USDT보다 USDC 거래가 더 많은 상황이다.

* Circle 홈페이지의 지급준비금 관련 정보

다음 붉은색 부분 내용은 다음과 같다.

The Circle Reserve Fund is a SEC-registered government money market fund which holds a portfolio of short-dated US Treasuries, overnight US Treasury repurchase agreements, and cash.
(Circle Reserve Fund는 SEC에 등록된 정부 자금 시장 펀드로, 단기 미국 국채, 미국 국채 일일 재매입 계약, 그리고 현금으로 구성된 포트폴리오를 보유하고 있다.)

1 USDC is backed by the equivalent value of US dollar denominated

assets held as reserves for the benefit of USDC holders. Cash is held at regulated financial institutions. The portfolio of the Circle Reserve Fund, which can contain short-dated US Treasuries, overnight US Treasury repurchase agreements, and cash, is custodied at The Bank of New York Mellon and is managed by BlackRock.

(1 USDC는 USDC 보유자들의 이익을 위해 예치된 미국 달러로 표시된 자산의 동등한 가치에 의해 지지된다. 현금은 규제된 금융 기관에 보관된다. Circle Reserve Fund의 포트폴리오는 단기 미국 국채, 일일 미국 국채 재매입 계약, 그리고 현금을 포함할 수 있으며, 뉴욕 멜론 은행에 보관되어 있고 블랙록에 의해 관리된다.)

CIRCLE　　　　　　　　　　　　　　**USDC Reserve Report**

Management's Assertion

Circle Internet Financial, LLC ("Circle" or the "Company") is responsible for the completeness, accuracy and validity of the USDC Reserve Report ("the Report") as of September 14, 2023 and September 29, 2023 at 11:59pm Pacific Daylight Time (the "Report Dates"). Circle management asserts that the Fair Value of Assets Held in USDC Reserve is equal to or greater than USDC in Circulation at the Report Dates in accordance with the criteria defined in the Report below.

USDC Reserve Report

Report Dates	September 14, 2023	September 29, 2023
USDC in Circulation (as defined in the criteria below)	26,060,315,400	24,973,159,027
Fair Value of Assets Held in USDC Reserve (as defined in the criteria below)	$　26,110,976,432	$　25,025,027,673

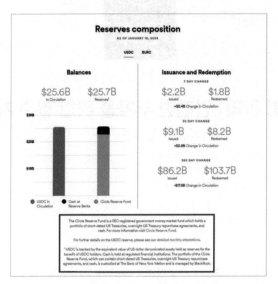

출처: https://www.circle.com/en/transparency

위험 관리: 안전한 투자를 위한 필수 지침

No risk, High return이 가능할까? DeFi가 전통적인 금융시장보다 높은 return이 가능한 이유 중에는 지금이 아직도 early adoption 시점이라는 이유도 있을 것이다. 혁신적인 상품들이 쏟아져 나오고 있는 만큼 안정성이 전통적인 금융권만큼 보장되지 않는 DApp(decentralized app)들이 많이 존재하고 있다는 것이기도 하다.

하지만, 본인이 적절한 위험 관리를 해 준다면 금융권 수준의 안정성을 유지하면서 high return을 챙길 수 있다.

DeFi는 제도권 금융기관에서 내 자금을 지켜 주는 형태가 아니다. 별도의 개인지갑을 사용하여 DeFi를 본인이 직접 투자하고 관리하는 형태이기 때문에, 투자 중에 발생하는 모든 위험에 대해서 본인이 책임지고 관리해야 한다.

DeFi생태계는 2019년 초기보다는 위험 관리 차원에서도 많이 발전했지만, 여전히 hacking과 Rug pool이 발생하고 있다. 일부 DApp들은

reserve나 혹은 insurance를 통해서 hacking 발생 시 피해를 보상해 주는 방안을 마련하고 있어, 이런 DApp들을 이용하는 것이 만일에 발생하는 hacking에도 원금을 지킬 수 있는 방법이 된다.

Rug pool은 DApp 자체가 사기인 경우에 발생한다. 처음부터 자금을 노리고 DApp을 만들어 운영하고, 일정시점에 투자금을 모두 들고 튀는 경우다. DApp, 트윗 등 모든 사이트는 폐쇄되므로 투자금을 찾을 길은 전혀 없다고 봐야 한다. 초기에는 Rug pool이 많이 발생했으나, 최근에는 Rug pool 수가 많이 줄었다. 무엇보다 Rug pool은 본인이 몇 가지 조심해서 DeFi를 운영한다면 만날 일은 없을 것이다.

그래도 DeFi는 어떤 기관도 내 투자금을 보상해 주지 않기 때문에, 투자에 앞서 위험 관리에 무엇보다 신경 써야 할 것이다.

＊DeFi 초보자에게 권하는 위험 관리 수준

① TVL이 높고, 오랜 기간 동안 hacking이 되지 않은 DApp을 이용한다. 일부에서는 audit이 완료된 DApp이 안전하다고 하는데, 반드시 그런 것은 아니다. 상대적으로 안전하지만 hacking 위험이 전혀 없다는 것은 아니다.

② 초기에는 DEX만 사용하고, Lending DApp은 AAVE, Compound 외에는 충분히 검토 후 사용한다.

③ 투자원금은 Level0~1에 해당되는 DApp만 이용하고, 그 아래 DApp들은 투자수익금으로만 재투자한다.

  - 신규 DApp을 이용할 때는 트윗 계정이 최근 1~2개월 안에 만들어진 경우는 피한다.

- 신규 DApp의 yield가 터무니없거나, UI가 초보 수준으로 엉성한 경우는 피한다.
- audit, multisig, Time Lock이 없으면 피한다.

Tom의 DApp 분류 예

DApp의 안전도에 따라 Tom은 Level을 만들어 관리하고 있다. 다음은 그 분류의 예다.

Tom의 분류법을 보면, Level0은 Very Safe(매우 안전), Level1은 Safe(안전), Level2는 Moderate(보통), Level3은 Caution(주의)로 나누어 관리하고 있다.

Level	Dapps
0 Very Safe	Uniswap AAVE Maker
1 Safe	Compound Lido Curve Pancakeswape 등
2 Moderate	Spark RocketPool Venus Synthetix 등등
3 Caution	Balancer Sushi Justlend 등등등

초보 단계에서는 Level0에 해당하는 DApp을 사용하는 게 좋다. 경험이 늘어나면서 Level1, Level2를 고민해 보도록 한다. 수많은 DApp을 모두 분류해서 관리하는 것은 매우 어렵지만, DeFi를 진행하면서 본인이

사용하는 DApp을 찾는 과정에서 DApp들을 Level에 맞춰 분류해 보고, 투자하는 습관을 들이는 것이 좋다.

④ DApp이 감사(Audit)를 받았다고 무조건 안전한 것은 아니다. Audit 도 국가기관이 아니라 Audit 업체를 쓰는 것이기 때문에 다음 Top Audit 업체가 아닌 경우는 Audit에 대한 신뢰도가 낮다.
    Top Audit 업체 리스트: ABDK, CertiK, ChainSecurity, Consensys Diligence, OpenZeppelin, PeckShield, Sigmaprime, SlowMis, Trail of Bits, QuantStamp

⑤ 개인지갑(Metamask 등)을 철저히 관리한다.
  - seed 구문은 별도로 저장하고, email, insta, 카카오톡 등 online으로 전송하지 않는다.
  - Metamask를 DApp에 붙일 때는, open되는 문구를 확인하고 승인한다.
  - 한번 DApp을 지갑에 붙였는데, 이후에 다시 승인 문구가 뜰 때는 지갑을 붙이지 않는다. (이런 경우는 피씽 위험이 있다. 이런 경우, 하루 후에 트윗을 확인하고 이상이 없을 때 붙인다.)
  - 본인이 사용하지 않는 DApp에는 지갑을 붙이지 않는다. (테스트 지갑을 별도로 만들어서, 이런 경우에 활용하는 게 좋다.)

⑥ 크롬 브라우저를 분리해서 사용한다. DeFi 전용 유저를 만들고, 해당 유저는 다른 사이트 접근은 최소화하고 DeFi DApp을 주로 사용한다.

⑦ 투자금이 커지면, Mobile폰에서는 지갑을 사용하여 DeFi를 하지

않는다. 폰 분실 시를 대비한다. 폰에서는 잔액확인만 하는 걸로 하고, transaction 처리는 pc에서만 하자. pc에서는 V3 등 백신프로그램을 수시로 업데이트하고 실행한다.

위험 관리에 대해서는 Chapter3에서 DeFi를 직접 해 보고 이해도를 높인 후에 Chapter4에서 다시 다룰 예정이다.

디파이(DeFi)
따라 하기

지금부터는 실전이다. 실전 단계는 매우 technical한 부분이다. 그동안 우리가 사용한 은행앱, 주식프로그램과 매우 다른 형태이며, 아직까지 한 번도 사용해 보지 못한 사용흐름들이 있는 만큼 매우 생소하게 느낄 수 있다. 하지만, 어려운 것은 아니다. 처음에만 생소해서 어려울 뿐. 여러 번 반복하다 보면 어느 시점에는 매우 쉽게 느끼게 될 것이다. 기술적으로 익숙해진 이후부터는 본인만의 DeFi 철학을 가지고 투자를 진행하면 되겠다.

3-1

디파이(DeFi) 준비 단계

(1) 국내거래소 가입하기

업비트, 빗썸, 코인원 3개 거래소는 모두 가입한다. 만약 어떤 거래소에 입출금이 막히면 다른 거래소를 이용해야 하기 때문에 일단 시작은 한 개 거래소로 시작하지만 시간이 있을 때 나머지 모두를 가입해 놓고 계좌를 연결해 놓는 것이 좋다.

본인이 있는 은행계좌에 맞춰 국내거래소를 우선 가입한다. 많은 돈을 투자할 예정이면 수수료가 저렴한 업비트를 이용한다.(단, 수수료 무료 이벤트가 있는 경우가 있으니, 이때는 해당 거래소를 이용하면 된다.)

은행별, 거래소 원화 이체 한도(2023년 12월 기준)

은행	가능 거래소	신규개설 시 한도	기존 계좌 한도
농협	빗썸	* 1일 150만 원 * 간편입금서비스 신청: 1 일 1000만 원	OTP 사용 시, 1일 5억 원
케이뱅크	업비트, 코인원	* 1일 100만 원 * 한도계좌 풀기: 1일 5000만 원	OTP 사용 시, 1일 5억 원
신한은행	코빗	* 1일 100만 원 * 한도계정: 1일 500만 원	OTP 사용 시, 1일 5억 원

이처럼 가상화폐 거래소와 연결되는 은행은 몇 개 되지 않는다. 해당 은행 계좌가 없으면 비대면으로 신규 개설하고, 한도를 늘리는 작업을 통해서 입금 이체 한도를 늘리도록 한다.

국내거래소 가입은 다음과 같은 절차로 진행한다. 다음은 업비트 기준이다. 나머지 거래소도 비슷하므로 모두 가입한다.

① 스마트폰에 거래소 app을 설치
② 회원가입을 한다.
　- 주의: 영문이름을 여권의 영문이름과 같게 등록한다. 철자를 모두 동일하게 작성하고, 특히 여권과 같게 First name, last name 맞춰서 등록해야 한다.
③ 국내거래소 app에서 KYC(Know Your Customer)를 진행한다. 신원을 인증하는 단계다.

④ 국내거래소와 해외거래소 간 코인 이동을 위해서는 해외거래소 등 록을 해야 하는데, 이 부분은 해외거래소인 바이낸스를 만들고 난 후에 등록하도록 한다. 바이낸스를 만들고 난 후에, 바이낸스의 XRP계좌번호를 출금계좌 등록한다.

⑤ 원화 입금(농협은행 → 농협은행 업비트 가상계좌)

(2) 해외거래소(바이낸스) 가입하기

해외거래소는 바이낸스를 반드시 가입하고, 만일의 경우를 대비해 OKEX를 추가로 가입한다.

OKEX 가입은 나중에 천천히 가입해도 문제없다.

Binance는 특정인의 referral id를 통해 신규 가입하면, 수수료 할인 또 는 특정인에게 수수료를 Back해 주는 정책을 실시하고 있다. (할인이나 수수료 back 비율은 특정인이 정하게 되어 있다.)

다음은 작가의 Referral id이며, 링크나 QR을 통해 열리는 웹페이지에 서 신규회원가입을 하면 거래수수료를 20% 절감할 수 있다. 수수료 할 인 혜택을 평생 받을 수 있는 것이기 때문에, 다음 작가의 Referral이 아 니더라도, Referral을 통해서 신규가입을 하도록 하자. (현재 바이낸스에 서 Referral을 통해서 받을 수 있는 최대 할인율은 20%이다. 다른 곳에서 그 이상을 Promotion한다면 그건 사기일 수 있다.)

Binance 가입은 다음과 같은 절차로 진행한다.

① 왼쪽 QR코드로 바이낸스 웹사이트를 오픈한다.

② 웹사이트 메뉴에서 Sign up With Email을 클릭하여 회원가입을 진행한다.
- 주의: 영문이름을 여권의 영문이름과 같게 등록한다. First name, last name 맞춰서 등록해야 한다.

③ 회원가입이 완료되었으면, 스마트폰에 app을 설치한다. 이때 삼성폰 (안드로이드)의 경우는 동일한 이름의 다른 app을 설치할 수도 있으니, 철자가 틀리지 않게 Binance를 입력하고, app 다운로드 수가 충분히 많은지 확인하고 설치한다. **거래소 app이나 지갑 app을 설치 시에는 유사 이름으로 있는 app을 항상 조심해야 한다.**

④ 본인 신원인증 KYC를 진행한다.
- 이 부분은 거래의 투명성을 위해서 본인이 맞다는 것을 입증하는 부분이므로, 개인정보가 유출된다거나 하는 등의 염려는 하지 않아도 된다.
- 사진촬영 부분이 있기 때문에, PC보다는 바이낸스 app에서 진행하는 게 편하다. 신분증 부분은 여권을 활용하여 KYC를 진행한다.

⑤ 바이낸스에 구글 OTP를 등록한다.
- 구글 OTP 사용법은 이어서 별도 정리해 놓았다.

(3) 해외거래소(바이낸스) 추가 세팅

┃ 구글 OTP 등록

☞ 구글 OTP 사용 영상
오른쪽 QR을 통해, 실제 작업 영상을 확인할 수 있다.

구글 OTP는 은행의 OTP와 유사한 것이라고 생각하면 된다. 은행 OTP 는 물리적인 카드를 사용하지만, 구글 OTP는 app 형태로 핸드폰에 저장 해 놓고 사용하는 방식이다. 구글 OTP에서 주의할 점은 특정 사이트에 OTP를 연결할 때마다 코드가 주어지는데 그 코드를 반드시 기록해 놓아 야 한다는 것이다. 이 코드를 가지고 있으면, 핸드폰 분실 시에 기존 OTP 를 신규 핸드폰에서 사용할 수 있게 된다.

① 바이낸스 app에 OTP를 등록하는 방법
  - 우선 바이낸스 Security 메뉴를 찾아서 Open한다.
    (바이낸스 app에서 Security는 사용자 설정에서 찾을 수 있는데,
    홈 화면 왼편 맨 위의 아이콘을 클릭하면 보이는 ID를 클릭하게
    되면 Security 화면이 나온다.)

바이낸스 Security는 Two-Factor Authentication을 기본으로 하는
데, 이는 출금할 때에 두 개의 Security code를 입력해야 가능하다는
의미다. 여러 개가 있는데 보통은 Authenticator App(이것이 구글
OTP를 의미한다)과 Email 이렇게 두 가지를 사용한다. 특별한 이유
가 없으면, 이렇게 두 개를 선택하기를 추천한다.

- Authenticator App을 선택한 후 App에서 제시하는 등록 코드를
  Copy한다. (이 등록 코드는 별도로 저장을 해 놓자. 핸드폰 분실 시
  이 코드를 통해 OTP코드를 복원할 수 있다.)
- 구글 OTP를 열고, 맨 아래의 + 버튼을 클릭하면, '설정키 입력'이
  보인다. 클릭해서 위에서 복사한 코드를 '내 키' 부분에 붙여넣기를

한다.

- 추가를 클릭하면 OTP가 등록된다.

② 바이낸스 app에서 OTP 사용 방법

- OTP는 코인출금을 할 때 주로 사용하게 된다.

- 다음과 같이 코인 출금할 때 Two Factor Authenticator가 뜨게 되
  는데, 이때 Authenticator App을 클릭해서 나오는 화면에, 실시간
  으로 바뀌는 OTP코드를 넣어 주면 된다.

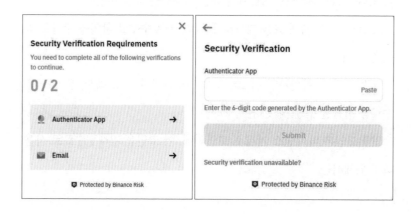

▌바이낸스 Pro 사용으로 전환

바이낸스 로그인을 하면 기본으로 설정되어 있는 app은 바이낸스
Lite 버전이다. 바이낸스는 매우 많은 메뉴들이 있는데, 그중에 가장 기
본적인 것으로만 구성된 것이 바이낸스 Lite다. Trading 상세 기능이나,
투자와 관련된 여러 메뉴들이 빠져 있어서, DeFi를 하려면 Pro 버전을
사용하는 게 여러 모로 좋다. 오히려 나중에는 Pro가 편리하게 느껴질

수 있다.

따라서, 홈 화면 왼쪽 상단의 바이낸스 로고를 클릭해서 나오는 화면 하단의 [BINANCE Pro]를 클릭해서 Pro 버전으로 바꿔 준다. 한번 바꿔 주면 이후에 계속 Pro 버전을 사용하게 된다.

▌바이낸스 수수료 절감 기능 설정

앞에서 바이낸스 회원가입 시 Referral을 사용하면 수수료를 20% 아낄 수 있다고 하였다. 여기에 더해서 추가로 수수료를 절감할 수 있는 부분이 있다. 그건 BNB코인으로 수수료를 지불하는 방법이다.

BNB코인으로 수수료를 지불하게 되면, 25% 수수료 할인을 추가로 받을 수 있다.

그렇게 되면, 회원가입 시 20% + BNB코인 적용 25% 해서, 총 45% 수수료를 절감할 수 있게 된다.

BNB코인은 바이낸스 거래소 코인인데, 이 코인을 거래수수료로 사용하기 위해서는,

① 다음처럼 수수료 할인 세팅을 해 준다. 사용자계정 Setting으로 가서, Regular 부분을 클릭한 후에, Use BNB to pay fees를 선택한다.

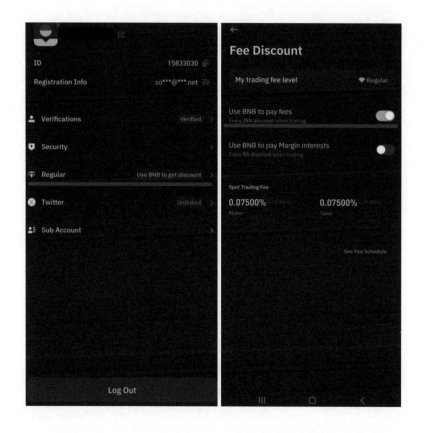

② 수수료로 필요한 양만큼의 BNB를 구입하면 된다. (Spot에 넣어 놓고 있는다.)

바이낸스 Spot(현물) 수수료

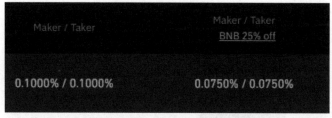

Maker / Taker	Maker / Taker BNB 25% off
0.1000% / 0.1000%	0.0750% / 0.0750%

기본은 0.1%인데, BNB를 수수료로 사용 시에는 0.075%가 된다.

(4) 개인지갑(Metamask) 설치 및 세팅

Metamask는 컨센서스(Consensys)라는 회사가 만든 hot wallet이다. '컨센서스(Consensys)'는 이더리움의 공동 창시자 중 한 명인 조셉 루빈(Joseph Lubin)에 의해 설립한 블록체인 기술회사이다. Metamask는 모바일에서도 사용가능한데, 투자금의 안전한 관리를 위해 모바일보다는 개인pc나 notebook에 설치해서 사용하는 것을 추천한다.

PC에서 Metamask는 다음과 같은 절차로 진행한다.

① 크롬의 User를 하나 추가하고, 해당 User에 Metamask를 설치한다. (이렇게 하는 이유는, DeFi 전용 user와 일반 user를 분리하기 위해서다. User가 분리되면 크롬도 분리해서 사용하는 것이기 때문에, 보안상에 한 번 더 안전판을 마련할 수 있다.)

② 구글play스토어에서 Metamask app을 설치한다. 이때, 주의해야 할 점은 유사 app이 있을 수 있으므로, 정확히 'Metamask'로 입력하고 **반드시 다음과 같은 이미지에 있는 정보와 일치하는지 확인 후 설치한다.**

③ Metamask에서 신규지갑을 만들고 **지갑 Seed와 주소를 별도로 기록해 놓는다.** Seed Phrase(비밀문구) 12개 단어만 있으면, 전 세계 어디서든지 동일한 지갑을 복원할 수 있으므로 잘 기록해 두고 관리해야 한다. 반대로, 비밀문구 12개가 다른 사람에게 노출되면 그 사람에게 지갑 권한이 넘어갈 수 있다. **따라서, 지갑관리 중에 가장 중요한 것이 비밀문구를 절대로 외부 노출하지 않고 안전하게 보관하는 것이다.**

Wallet에 대해서

Wallet은 DeFi에서 매우 중요하다. 보안의 이슈가 있기 때문에 여러 종류의 지갑을 쓸 필요는 없다. 지갑은 크게 hot wallet과 cold wallet으로 나뉘고, hot wallet의 대표적인 것이 Metamask이고 cold wallet의 대표적인 것이 ledger 이다. 대부분의 DeFi 유저들은 hot wallet인 Metamask를 사용한다. 무엇보다 hot wallet 중에 제일 안전하고 편리하기 때문이다. Cold wallet을 쓰는 것이 가장 안전한 방법이겠지만, 잦은 Transaction을 해야 하는 DeFi에서는 Metamask를 사용하고 철저히 안전수칙을 지키면서 사용하는 게 좋다.

· Hot Wallet(핫 월렛)
핫 월렛은 온라인에 연결된 지갑으로, 계정과 자산에 쉽게 액세스할 수 있도록 설계되어 있다. 주로 인터넷에 연결된 기기에서 사용되며, 주로 트레이딩이나 빠른 자산 이동을 목적으로 한다. 핫 월렛은 온라인 환경에서 작동하며, 이는 편리하지만 보안 문제가 있을 수 있다. 왜냐하면 온라인에서 작동하기 때문에 해킹 위험이 있을 수 있기 때문이다.

· Cold Wallet(콜드 월렛)
콜드 월렛은 오프라인 환경에서 보관되는 지갑이다. 온라인에 연결되어 있지 않기 때문에 해킹 위험이 적다. 일반적으로 콜드 월렛은 하드웨어 지갑이나 종이 지갑 형태로 존재한다. 주로 장기 보관이나 큰 금액의 자산을 안전하게 보호하기 위해 사용되지만, 트랜잭션을 진행하기 위해서는 온라인에서 작동하는 핫 월렛과 연동하여 사용해야 할 수 있다.

요약하면, 핫 월렛은 빠른 액세스를 제공하지만 온라인에서 작동하여 보안에 취약할 수 있다. 반면에 콜드 월렛은 오프라인에서 보관되어 해킹 위험이 낮지만, 트랜잭션 처리를 위해 핫 월렛과 연동되어야 하는 경우가 있다.

(5) 국내거래소-해외거래소-개인지갑 간 코인 전송 방법

DeFi는 주로 Metamask를 이용해서 진행되기 때문에, 국내거래소만 이용해서는 DeFi를 할 수가 없다. 국내거래소에서는 여러 개의 내 개인지갑(Metamask)으로의 송금이 지원되지 않기 때문이다.

따라서 이런 절차로 코인을 전송을 하도록 한다. 최종 종착지인 개인지갑(Metamask)에 도착한 투자금으로 DeFi 투자를 하게 된다.

* 국내거래소(업비트, 빗썸 등) → 해외거래소(바이낸스 등) → 개인지갑(Metamask)

각 단계별로 구매 및 전송 코인을 정리하면 다음과 같다.

국내거래소	1차 전송 →	해외거래소	2차 전송 →	Metamask
원화로 XRP 구매	XRP 전송	① XRP로 USDT 구매		
		② USDT로 ETH 구매	ETH전송	ETH로 USDC.e Swap

표를 보면, 1차 전송 시 활용하는 XRP는 국내와 해외 간 오고 가는 순간만 보유하고 있는 걸 알 수 있다. 따라서, 보유하는 시간을 최소화해야 가격변동 리스크를 줄일 수 있다. 그래서 전송이 빠르고, 수수료가 저렴한 XRP를 이용해서 전송하는 것이다.

국내거래소 → 해외거래소, 건별 전송수수료 비교(2023년 12월 기준)

거래소	XRP	TRX	ETH
업비트	1.0 XRP(약 800원)	1.0 TRX(약 135원)	0.01 ETH(약 29,000원)
빗썸	1.0 XRP(약 800원)	1.0 TRX(약 135원)	0.01 ETH(약 29,000원)
코인원	1.0 XRP(약 800원)	1.0 TRX(약 135원)	0.02 ETH(약 58,000원)

해외거래소에서 Metamask로 보내는 2차 전송 시에는 꼭 ETH만 전송할 필요는 없다. DeFi에서 사용할 코인이 거래소에 있고, 거래소에서 코인을 보낸 체인을 지원해 주면 바로 보내면 된다. 그런데, 초보 단계에서

는 이 부분에서 실수가 발생할 여지가 있다. 내가 전송하려는 코인이 특정 체인을 지원하지 않을 때 코인을 분실하거나 엄한 데 가 있는 경우가 발생한다.

실제로 이런 경우는 흔히 발생할 수 있는데, 예를 들면 이렇다.

조 과장은 Arbitrum 체인에서 ETH-DAI로 구성된 Pool에 예치하고자 했다. DAI는 ETH를 담보로 발행되는 스테이블코인이다. 조 과장은 바이낸스에서 USDT로 DAI를 구매 후에 이를 Metamask로 보내려고 했다. 어떻게 되었을까?

DAI는 이더리움 체인만 지원하므로 Arbitrum으로 보낼 수가 없다. 따라서 네트워크 선택에서 'Arbitrum'을 찾을 수 없어서 전송하지 못했을 것이다. 조 과장은 어쩔 수 없이 DAI를 다시 USDT로 바꾸어야만 했다. 지원하는 네트워크를 미리 확인하지 않고 전송하려는 코인을 먼저 사게 되면 이런 불필요한 거래가 발생하는 것이다.

조 과장이 반대로 Metamask에서 'Arbitrum' 네트워크에 있는 DAI 코인을 거래소로 보냈다면 어떤 일이 발생했을까? Metamask는 거래소와 달리 네트워크를 지정하는 메뉴가 없다. 주소만 붙이고 보내면 그냥 전송이 된다. Arbitrum 네트워크에서 DAI를 바이낸스 거래소로 전송했다면, 거래소의 Arbitrum 네트워크로 들어가게 된다. 하지만, 바이낸스 거래소에는 Arbitrum 네트워크를 지원하는 DAI가 없다. 이런 경우, 전송한 DAI는 유실되는 것이다. 블록체인 거래는 되돌릴 수 없으므로, 찾을 길이 없다. 초보 단계에서는 이런 경우가 발생할 수 있으므로 주의해야 한다.

따라서, '초기에는 해외거래소 ↔ 개인지갑(Metamask) 전송에는 ETH만 사용한다'고 생각하자.

자금을 회수할 때는 처음과 반대로 코인을 전송하면 된다.

* 개인지갑(Metamask) → 해외거래소(바이낸스 등) → 국내거래소(업비트, 빗썸 등)

국내거래소에서 해외거래소로 코인 전송하기

☞ 국내거래소에서 해외거래소로 코인 전송하는 영상
오른쪽 QR을 통해, 실제 작업 영상을 확인할 수 있다.

국내거래소에서 해외거래소로 코인을 전송할 때는 수수료가 저렴하고 전송시간이 짧은 XRP를 이용한다. 국내-해외 간 자금 전송은 XRP나 TRX를 활용하는 게 일반적이다.

① 국내거래소에 원화를 입금 후, 국내거래소에서 원화로 XRP를 구입한다.

② 국내거래소에서 해외거래소(바이낸스)로 XRP를 전송한다.

③ 바이낸스에서 XRP를 sell해서 USDT로 바꾼다.

④ USDT로 ETH를 buy한다.

안전하게 코인을 전송하는 Tip

많은 코인을 국내거래소에서 해외거래소로, 해외거래소에서 지갑 간 전송할 때에는 누구든 긴장되게 마련이다. 특히 처음 보내는 코인일 경우나 처음 사용하는 블록체인 네트워크, 처음 보내는 주소인 경우에 과연 잘 보내질까 하는 걱정이 있게 마련이다. 불안하면 이런 방법으로 해 보자.

① 소액의 코인을 보내서 잘 들어갔나 먼저 확인한다.

② 잘 들어간 것을 확인 후, 동일한 방법으로 나머지 코인을 보낸다.

김치프리미엄(Kimchi Premium or Korea Premium)

국내거래소에서 XRP를 구매할 때, 해외거래소보다 비싼 가격으로 구매하게 되는 경우가 있다.

다음을 보면, 업비트 현재가와 바이낸스 현재가가 다른 것을 볼 수 있다. 국내거래소가 해외거래소보다 **36원** 비싼 가격으로 형성되어 있는데, 프리미엄이 **+4.49%** 높게 형성되어 있다는 것을 의미한다. 이것을 김치프리미엄이라고 한다. 정확히는 Korea Premium이 맞지만, 시장에서 보통 김치프리미엄(이를 줄여서 '김프')이라고 한다.

XRP 거래소 간 가격 비교(2023년 12월 기준)

거래소명	현재가(KRW)	))		프리미엄	
빗썸	837 KRW	0%	+36	+4.49%	
UP 업비트	837 KRW	4%	+36	+4.49%	
코빗	-	-		-	
바이낸스	801 KRW	0%		-	
바이비트	801 KRW	3%			
OKEX	-	-		-	
후오비	800 KRW	8%		-	

출처: https://www.moneynet.co.kr/

그러나, 김치프리미엄이 항상 플러스인 것은 아니다. 간혹 해외거래소보다 국내가 낮은 가격에 거래될 때가 있다.

다음은 지난 3년간의(2021~2023년 기준) 김치프리미엄 차트인데, 초록색, 빨간색으로 보이는 선이 김치프리미엄(Korea Premium Index)이다. 붉은 선이 마이너스가 발생한 경우인데, 간혹 붉은 선이 보이는 것을 확인할 수 있다. 보통은 2~3%선에서 프리미엄이 형성된다. 높게 올라갈 때는 8% 이상 올라갈 때도 있다.

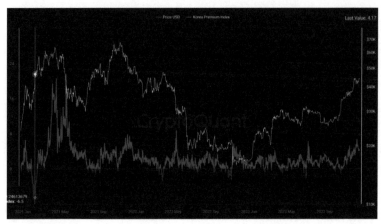

출처: https://cryptoquant.com/

(6) 해외거래소(바이낸스)-개인지갑(Metamask) 간 코인 전송 방법

바이낸스에서 개인지갑(Metamask)로 코인 이동 시,

바이낸스 → 지갑은 Withdrawal라고 하고, 지갑 → 바이낸스는 Deposit 이라고 한다.

▎ PC에서 ETH를 Withdrawal하는 방법(바이낸스 → 개인지갑(Metamask))

☞ 바이낸스에서 Metamask로 인출하는 영상
오른쪽 QR을 통해, 실제 작업 영상을 확인할 수 있다.

① PC로 바이낸스에 로그인한다. (모바일가입자 id로 로그인한다)

② Spot에서 ETH를 찾아서 Withdrawal을 선택한다.

③ Metamask 지갑주소를 복사해서 붙인다. 지갑주소가 길고 복잡하기 때문에 한눈에 알아보기가 어렵다. 내가 올바른 주소를 붙였는지 확인하는 방법은 주소의 맨 앞 4자리와 맨 뒤 4자리를 맞추어 보고 올바른 주소인지 확인하는 것이다.

④ 체인을 선택한다. 체인 중에 **Arbitrum**을 선택한다. 체인 선택은 매우 중요하다. 체인을 다른 것을 선택하면 코인이 다른 곳으로 가게된다. EVM 계열이면 체인을 잘못 선택하더라도 다른 곳으로 가기때문에 다시 가지고 올 수 있지만, EVM 계열이 아닌 경우 코인은 아예 못 찾는 경우가 발생할 수 있다. 따라서, 주소만큼 중요한 게 체인 선택이다. 내가 사용하려는 체인을 정확히 알고 해당 체인을 선택해 주어야 한다.

⑤ 최종적으로 정보가 올바른지 확인한다. 주소의 맨 뒤의 4자리와 보내려는 체인이 맞는지를 확인한다.

⑥ Two Factor Authentication에 구글 OTP, 이메일 전송코드를 붙이기하고 확인을 누른다.

⑦ 이제는 기다리면 된다. 전송이 잘되었으면 지갑의 ETH 잔액이 바뀌게 된다.

개인지갑(Metamask) → 바이낸스

☞ Metamask에서 바이낸스로 보내는 영상
오른쪽 QR을 통해, 실제 작업 영상을 확인할 수 있다.

① ETH를 선택하고 전송하기를 누른다.

② 바이낸스에서 ETH의 Deposit 주소를 복사해서 지갑에 붙인다. 이때 **Arbitrum** 체인의 ETH Deposit 주소를 복사해서 붙여야 한다. 다른 체인의 주소를 붙이면 전송된 코인은 공중분해된다. 돌려받지 못하는 것이다. EVM 계열은 동일 주소를 쓰고 있어서 그런 경우는 없지만, 그래도 항상 해당 체인의 Deposit 주소를 확인하고 붙이는 습관을 들여야 한다.

③ 전송하려는 개수만큼 입력 후 Confirm을 누른다.

④ Transaction 화면이 오픈되면, 가스를 '시장'으로 맞추고 Confirm을 누른다. 디폴트로 '시장'으로 맞춰져 있는 경우도 있고, '추천'으로 맞춰져 있는 경우가 있다. 항상 '시장'으로 하고 진행하는 것이 좋다.

코인 전송 체계도 관리

DeFi를 하다 보면 국내거래소-해외거래소 간 전송보다는 해외거래소-개인지갑 간 전송이 훨씬 빈번하게 발생하게 된다. DeFi를 하면 할수록 이 부분의 전송은 복잡해진다. 사용하는 체인도 늘어나게 되고, Metamask 외의 다른 지갑도 사용하게 된다. 따라서 다음과 같이 전송에 대한 기본룰을 가져가면, 복잡함을 줄이고 필요한 부분을 확장해 나갈 수 있게 된다.

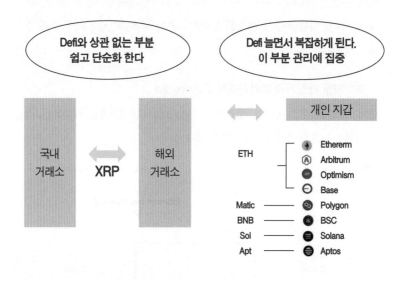

• 이더리움 가스에 대해서

이더리움 체인, Arbitrum 체인은 Transaction을 처리하는 데 ETH를 비용으로 사용한다. 이때 얼마만큼의 ETH를 쓸지는 바로 가스비로 결정된다.

현재 가스비가 높은 상황이면 Transaction 처리에 필요한 ETH 개수가 증가한다. 반대로 가스비가 낮은 상황이면 ETH 개수가 감소한다. 블록체인 네트워크가 많은 Transaction으로 부하가 걸릴수록 가스비는 올라가고, 한가해지면 가스비가 내려간다.

따라서, 특정 코인의 거래가 폭발할 때, 혹은 다른 어플리케이션에서 배치작업을 할 때 가스 가격이 올라가게 되는데, 이때는 가스 가격이 내려갈 때까지 수시간 기다리는 것이 필요하다.

그리고 이더리움 체인은 다른 블록체인에 비해서 Transaction fee가 높다. 보통 $5~$10 정도 하고, 비쌀 때는 $100 할 때도 있다. 그러나 Ethereum L2인 Arbitrum은 $0.2 정도로 Transaction fee가 낮다.

따라서, 본인의 DeFi 투자금액이 $100,00 이하인 경우는 이더리움보다는 Arbitrum을 이용해 주는 것이 좋다. 매번 나가는 Transaction fee도 무시 못하기 때문이다.

• 이더리움 가스 가격 확인 사이트: Etherscan

현재 가스 가격뿐만 아니라, 가스 가격 추이, 가스에 영향을 주는 Action, 그리고 사이트 등을 실시간으로 확인할 수 있다.

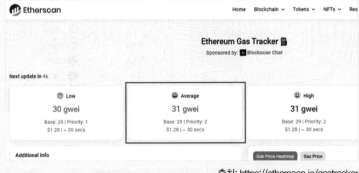

출처: https://etherscan.io/gastracker

• 적절한 가스비는 얼마일까?

가스비는 블록체인 네트워크가 붐비는 정도에 따라 유동적으로 움직이기 때문에, 적절한 가스비라는 것은 정해져 있지는 않다. 즉, 최근의 평균 가스비를 보고 적절한 가스비를 잡아낼 수밖에 없다. 하지만, 그래도 대략적인 흐름이 있으므로 다음은 참고 정도만 하면 좋다.

- 보통 가스비는 오전부터~오후 5시 정도까지는 비교적 낮게 유지된다.(밤에 활동하는 DeFi 인구가 한국이 아니라, 유럽과 미국 쪽이기 때문. Transaction traffic은 현재는 미국이 제일 많다.)

- 보통 가스비는 토요일, 일요일, 미국 휴일에는 비교적 낮게 유지된다.
- 보통 가스비는 밤 10시 이후, 새벽 시간에 높게 올라간다.
- 약세장에는 가스비가 10~20gwei 정도가 낮은 편에 속하고, 30gwei~40gwei 가 높은 편에 속한다.
- 강세장에는 가스비가 30~40gwei 정도가 낮은 편에 속하고, 70gwei 이상 이 높은 편에 속한다.
- 매우 강세장 혹은 변동성이 갑자기 커지면 가스비가 100gwei를 넘는 경우 가 있다.
- 오전, 오후임에도 불구하고 낮았던 가스비가 갑자기 높게 치솟을 때는 batch 작업을 수행하는 경우이므로, 1~2시간 기다린 후 다시 가스비를 확인한다.

█ 바이낸스 거래소에 입금 처리가 안 되었을 때 어떻게 해야 하나?

보통은 blockchain explorer에서의 나의 Transaction status가 'success' 될 때까지 기다리는 것이다. 오래 걸려도 대략 30분은 넘지 않을 것이다.

하지만, 매우 드물게 있는 일이지만 지갑(Metamask) → 바이낸스로 코 인 전송 시 분명히 blockchain explorer에서는 success 상태인데, 바이낸 스에는 입금이 안 되어 있는 경우가 있다. 이런 경우는 DeFi를 하는 동안 경험 못 하는 사건일 수도 있지만, 한 번이라도 만나면 매우 난감하다.

이 부분의 대처방법을 기술한다.

첫 번째, 다음과 같이 Deposit 화면에서 오른쪽에 있는 FAQ의 해당 문구를 클릭한다.

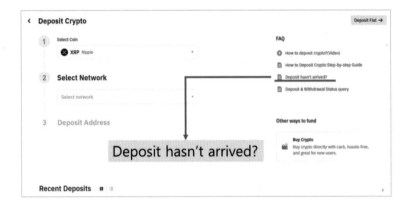

두 번째, 다음과 같이 "confirmed/success" 부분을 클릭한다.

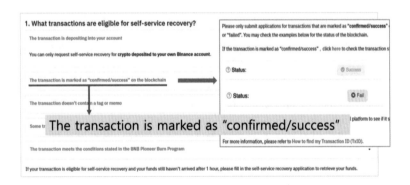

세 번째, 해당 거래를 볼 수 있는 Blockchain explorer 화면에 있는 Transaction Hash 혹은 Transaction ID 항목 값을 Deposit Status Query 화면에서 입력한다.

다음과 같이 Deposit이 진행된다는 것을 알려 준다. 그런 후 몇 분 내에 계좌에 Deposit 처리된다.

Confirming your deposit.
A text message or email Reminder will be sent one the deposit is successful.
(입금을 확인 중입니다. 입금이 성공적으로 완료되면 문자 메시지 또는 이메일로 알림이 발송됩니다.

디파이(DeFi) 실행 단계

DeFi 실행 단계에서는 DeFi 중에 두 가지 투자 종류를 진행한다.

① DEX(Decentralized Exchange)에 유동성을 공급하고 수수료 수익
을 얻는다.
② 대출금융(Lending)에 코인을 예치하고, 대출 이자를 지급받는다.

(1) 탈중앙화거래소(DEX)에 유동성을 공급하고
수수료 수익을 얻는 법

$100을 가지고 DeFi 중에 DEX(Decentralized Exchange)에 투자하는
것을 진행하겠다. DeFi 실행 단계를 그대로 따라 하면서 $100을 DeFi에
투자해 보고, 방법이 익숙해진 이후에는 본인이 투자금을 단계적으로
늘리면 된다.

DEX에 해당되는 DApp들은 매우 많다. 수십 개, 아니 찾아보면 수백 개까지도 나올 것 같다.

여기에서는 가장 대중적이고 안정적인 Uniswap(유니스왑)에 투자할 것이다. 초보 단계에서는 다양한 DEX에 유동성을 공급하는 것은 피해야 한다. 충분히 공부를 한 이후에 DEX를 늘려 가는 것을 권한다.

Uniswap에 ETH와 USDC코인으로 유동성을 공급할 것이다. 그리고 시간이 지남에 따라 늘어나는 Yield를 확인하고, Yield를 원금에 compounding을 할 것이다.

자세한 진행 순서는 다음과 같다.

① Metamask 로그인. Arbitrum에서 DeFi를 사용할 것이므로 네트워크를 Arbitrum으로 세팅
② 화면에서 USDC를 보이게 하기 위해, USDC 코인을 Metamask에 설정
③ 바이낸스에서 ETH를 $100 구매해서 Metamask로 보내기(Withdrawal)
④ 보내기 후에 Metamask에서 ETH가 잘 들어왔는지 확인
⑤ 크롬에서 Uniswap 접속 후 Metamask 지갑 붙이기
⑥ Uniswap에서 Liquidity Pool(유동성풀) 구성
⑦ Uniswap에서 My pool monitoring 및 분석 툴을 이용한 My pool monitoring
⑧ Yield claim&Compounding

1) Metamask 로그인. Arbitrum에서 DeFi를 사용할 것이므로 네트워크를 Arbitrum으로 세팅

Metamask에 로그인한 후에 왼쪽 상단의 이더리움 아이콘을 클릭하면 네트워크 추가가 나온다.

네트워크 추가를 클릭한다.

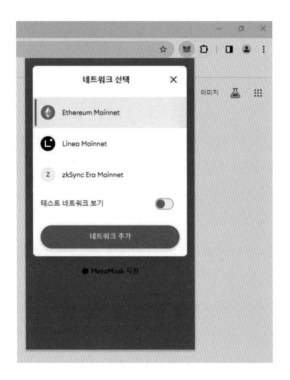

네트워크 추가 화면에서 [Aribitrum One]을 추가한다.

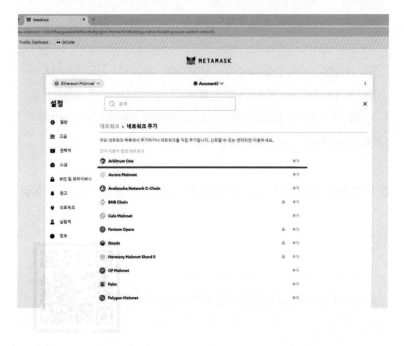

네트워크 추가 확인 화면이 나오면 [승인]을 클릭한다. 승인 후 [Arbitrum One 네트워크로 전환]을 클릭한다. 이제부터는 Arbitrum 네트워크를 쓰게 되었다. Metamask의 상단 아이콘이 Arbitrum으로 바뀐 걸 확인할 수 있다. 네트워크를 바꾸고자 할 때는 왼쪽 상단 아이콘을 클릭해서 바꾸면 된다.

Arbitrum을 사용하는 이유

Arbitrum은 Transaction fee가 $0.2~0.3 정도로 비교적 저렴하고, 거래량도 풍부하기 때문에 초기 투자자들이 하기에 적합하다. 보통 이더리움은 Transaction fee가 건당 $10 정도 되고, 네트워크가 붐비는 경우는 $100까지도 상승한다. 이에 반해 Layer2인 Arbitrum은 $0.2~0.3 정도이며, 네트워크가 붐비는 경우에도 $0.5 정도로 안정적이다. 따라서, DeFi가 익숙해지기 전 초기와, 익숙해진 이후에도 투자금이 $10만 이하인 경우에는 Arbitrum이나 Optimism 등의 Layer2 네트워크를 사용하는 게 좋다.

2) 화면에서 USDC를 보이게 하기 위해, USDC 코인을 Metamask에 설정

☞ Metamask에 신규 코인을 등록하는 영상
오른쪽 QR을 통해, 실제 작업 영상을 확인할 수 있다.

Metamask에 토큰을 클릭해 보면, 아래에 이더리움(ETH)만 있는 걸 확인할 수 있다. 우리는 이더리움과 USDC.e코인을 쓸 것이므로 여기에 USDC.e를 추가한다.

- 이더리움 아래에 있는 [+토큰 가져오기]를 클릭한다.
- 구글검색창에 CoinMarketCap을 치고 해당 사이트에 접속한다.
  (https://coinmarketcap.com/)
- CoinMarketCap에 들어왔으면, 맨 위에 언어와 통화를 DeFi에 적합

하게 바꿔 준다. 한국어는 영어로, KRW는 USD로 변경.

- 오른쪽 상단 검색창에 USDC.e를 입력하고 검색한다. 다음 화면에서
처럼 해당되는 USDC.e를 클릭한다. (참고로 USDC.e도 USDC와 같
은 코인이다. Arbitrum으로 Bridged되었기 때문에 뒤에 E가 붙어 있
을 뿐이다. 실질적으로는 같은 코인이다.)

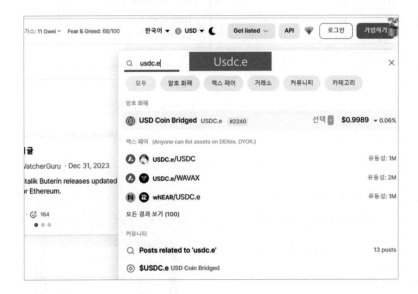

- 다음과 같이, USDC.e 화면에서 왼쪽에 보면 'Contracts'라고 있을 것
이다.

[More] 아이콘에 커서를 가져다 놓는다. (한글로는 '더')

보이는 리스트 중에서 [Arbitrum]을 찾는다.

해당 주소의 왼쪽에 보면 조그만 사각형모양이 보이는데 이게 복사
표시다. 이것을 클릭한다.

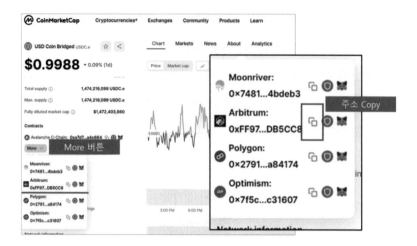

이제 다시 Metamask로 돌아가서, [+토큰 가져오기]를 다시 클릭하고 맨 위의 토큰계약주소에 붙여넣기(ctrl+v)를 한다. 그러면 토큰 기호에 USDC가 보일 것이다. 다음을 클릭하고, 토큰 가져오기 화면이 뜨면 가져오기를 클릭한다.

이제 Metamask에서 [토큰]을 클릭 하면 USDC가 보일 것이다.

3) 바이낸스에서 ETH를 $100 구매해서 Metamask로 보내기(Withdrawal)

☞ 바이낸스에서 Metamask로 인출하는 영상
오른쪽 QR을 통해, 실제 작업 영상을 확인할 수 있다.

다음 과정은 PC에서 해도 되고, 모바일에서 해도 된다. 다음은 PC 화면
이다.

- 바이낸스에서 ETH를 USDT $100 정도 구매를 한다.
- 바이낸스 spot/ETH/Withdrawal로 이동한다.

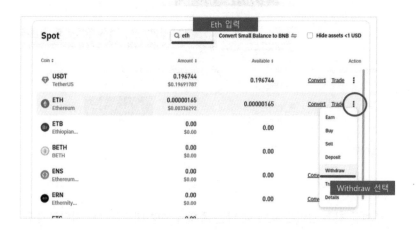

모든 Deposit/Withdrawal은 매우 신중해야 한다. 원칙은 Address와

네트워크를 정확히 선택해 주는 것이다. Address에는 Metamask 주소를 복사해서 붙여 준다. 그리고 여기서는 Arbitrum 네트워크를 쓸 것이기 때문에 Network에서 **Arbitrum**을 선택한다. Amount는 오른쪽 [max]를 클릭하고 소수점 4자리 정도만 남기고 뒤에는 삭제하고 보낸다. (모두 보내도 상관은 없다.)

주의할 점은 코인을 보낼 때 받는 쪽에서 해당 네트워크를 지원하지 않으면, 보낸 돈은 전액 잃어버리게 된다. 예를 들면, metmask에서 'Arbitrum' 네트워크를 쓸 때에 WBTC(Wrapping Bitcoin)코인을 바이낸스로 보내게 되면 WBTC는 전액 잃어버린다. 그 이유는 바이낸스에서 WBTC코인에 대해서는 Arbitrum 네트워크를 지원하지 않기 때문이다.

항상 그래서 받는 쪽 주소와 네트워크를 지원하는지 확인하고 붙이는 습관이 중요하다.

[Withdrawal]을 클릭하고, 확인창에서 주소와 네트워크가 맞는지 확인한다.

이때 주소는 맨 앞 네자리와 맨 뒤 네자리가 맞는지 확인한다.

맞으면 [Continue]를 클릭하고, [Verification]을 진행한다.

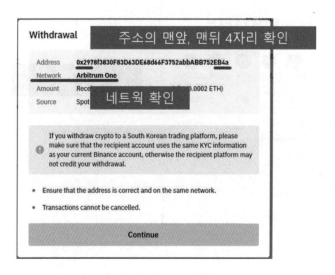

[Verification] 화면은, 경우에 따라 Authenticator app만 나오는 경우도 있고, Email까지 두 개가 나오는 경우가 있다. 모두 진행한다. 이렇게 Withdrawal이 잘 끝난 경우에 보통 1~2분 안에 ETH가 Metamask 지갑

으로 입금된다.

4) 보내기 후에 Metamask에서 ETH가 잘 들어왔는지 확인

이 부분은 매우 간단하다. 토큰 잔액, 혹은 Metamask 상단에 ETH 개수가 늘어난 것을 확인하면 된다.

만약, 5분 이상 기다렸는데도 입금이 안 되었을 경우에는 바이낸스의 Withdrawal 화면을 확인한다. 네트워크와 주소만 제대로 입력한 경우는 이러한 경우는 일어나지 않는다. 언제나 정확한 입금이 된다.

5) 크롬에서 Uniswap 접속 후 Metamask 지갑 붙이기

지금부터는 실제로 DApp에 접속해서 사용하는 부분이다. DApp에 처음 접속할 때는 google에서 검색해서 해당 주소로 진입하지 말고, **CoinMarketCap 사이트**를 통해서 접속한다. 이것 또한 피씽사이트 때문이다. DApp에 처음 접속할 때는 항상 이런 식으로 접속하고, 접속한 이후에는 해당 주소를 즐겨찾기에 저장해 놓고 사용한다.

- CoinMarketCap 검색창에 Uniswap을 친다.

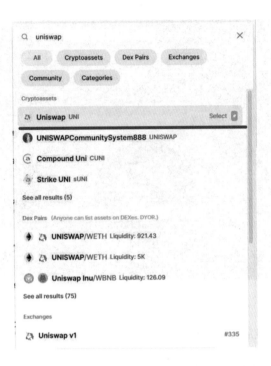

- 검색해서 나온 Uniswap 화면의 왼쪽을 보면 [Official links]가 보인다. [Website]에서 [Uniswap.org]를 클릭한다. https://blog.uniswap. org/uni 혹은 https://uniswap.org/ 사이트가 오픈되었을 것이다. 해당 화면의 오른쪽 상단의 [Launch App] 아이콘을 클릭한다.
- 시작하기를 클릭해도 되고, 왼쪽 상단의 [스왑], [swap]을 클릭한다. DeFi에서는 영어 번역이 어색한 경우가 있기 때문에 언어를 English 로 바꿔 준다.

English를 클릭

- [Connect wallet]을 클릭한다. 지갑은 [Metamask]를 선택한다. Metamask 연결 화면이 뜨는데 아래에 보면 신뢰하는 사이트만 연결하세요 마크가 있다. 매우 중요한 내용이 있다. 잘 기억해 두자.

> **"다음에 이 사이트를 허용:**
> **주소, 계정 잔액, 활동 및 승인할 트랜잭션 추천 보기"**

아래의 [연결]을 클릭한다. 이 화면은 DApp에 접속할 때 맨 처음에 **한 번만** 나온다. 이러한 DApp 연결 승인은 모든 DApp은 처음 한 번만 하게 된다. 이후에 또 이런 메시지가 뜨게 되면, 바로 연결을 누르지 않도록 조심해야 한다. Uniswap 같은 레벨의 사이트에서는 그런 일이 거의 없겠지만, 매우 드물게 다른 DApp은 dns가 해킹되어 피싱사이트로 연결되는 경우가 발생하므로, 분명히 한 번 연결했는데 이런 메시지가 다시 뜬다면, 해당 DApp의 트위터를 확인하는 과정을 해 주고, 그래도 의

Chapter3_디파이(DeFi) 따라 하기 **127**

심쩍으면 하루 지나서 다시 접속해 보는 것이 좋다. 이것만은 꼭 기억해 두자.

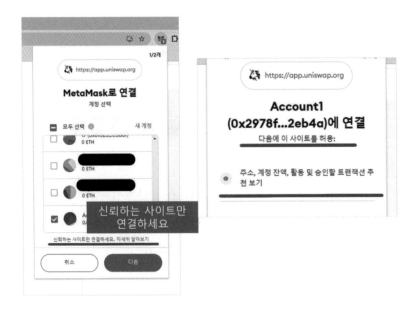

잘 연결되었으면 화면에 이렇게 나오게 된다.

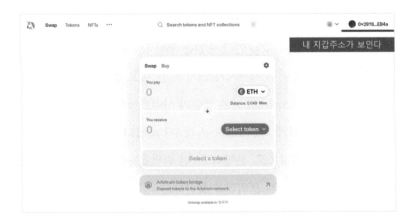

6) Uniswap에서 Liquidity Pool(유동성풀) 구성

☞ Uniswap Pool 구성 영상
  오른쪽 QR을 통해, 실제 작업 영상을 확인할 수 있다.

Uniswap은 DEX(Decentralized Exchange)다. DEX는 업비트, 바이낸스와 같은 코인을 사고 팔 수 있는 거래소인데, 중앙화(Centralized)가 아닌 탈중앙화(Decentralized)되어 있는 거래소다. 따라서, 이 거래소에서 발생하는 거래수수료는 이 거래소에 코인을 예치한 사람들이 가져가게 된다.

우리는 코인을 ETH와 USDC 두 개의 코인을 예치하는 Pool을 만들고, ETH와 USDC 간 거래에서 발생하는 수수료 수익을 받으려고 한다. 해당 Pool의 현재(2023년 11월 20일 기준) 평균 APR은 38.88%이다. 30일 평균 APR는 72%이다. Pool의 구성범위에 따라 APR은 모두 다르기 때문에 여기에서 만드는 Pool의 정확한 APR은 구성 후에 확인해 본다.

Pool	Project	Chain	TVL	APY	Base APY	Reward APY	30d Avg APY	30d APY Chart
1 WETH-USDC.E (0.05%)	Uniswap V3	A	$26.94m	38.88%	38.88%		72.81%	
2 WETH-USDC (0.05%)	Uniswap V3	A	$21.87m	28.91%	28.91%		49.03%	
3 WBTC-WETH (0.05%)	Uniswap V3	A	$16.84m	10.28%	10.28%		23.80%	
4 WETH-ARB (0.03%)	Uniswap V3	A	$13.48m	16.52%	16.52%		37.29%	
5 WETH-USDT (0.05%)	Uniswap V3	A	$13.24m	27.64%	27.64%		51.23%	

출처: https://defillama.com/

Uniswap Pool 구성 방법

* 구성하려는 Pool 내용

① 목표: 안전하게 원금을 지키는 것을 우선 시 APR 30%을 목표로 함

② 총 금액: $100(0.049ETH). USDC 80%(약 $80):ETH 20%(약 $20)로 구성

③ 특징: 가격의 등락이 있는 ETH의 비율을 낮추고, 가격이 $1로 고정 되는 스테이블코인인 USDC의 비율을 높임으로써 전체적으로 원 금의 안정을 추구하는 방식이다.

지금부터 Pool을 순서대로 구성해 본다.

첫 번째, 전체 금액의 80%는 USDC이므로 [ETH]를 [USDC.e]로 swap 한다.

(중요) 이때, 수수료를 쓸 ETH는 빼고 계산해야 한다. 0.003eth만큼은 향후 Transaction 수수료로 쓰기 위해 Pool에 넣지 않고 남겨 놓는다.

따라서 (전체보유량 0.049ETH - 수수료 부분 0.003ETH) × 80% = 0.0378eth를 USDC.e로 swap한다. (현재는 eth 가격이 $2,025일 때다. 현재 ETH 가격에 따라 본인의 ETH 숫자는 다를 것이기 때문에, 본인의 0.049ETH에 본인의 ETH 숫자를 넣고 계산해 준다.)

swap 화면에서 [Select token]을 클릭한 후에 검색에 USDC.e를 입력 해서 선택한다.

전체의 80%인 0.0378ETH을 입력해 주고, [Swap]을 클릭한다. [Confirm swap]을 이어서 클릭한다.

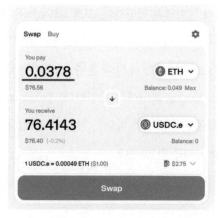

여기와 같이 Transaction 처리화면이 나오면, 오른쪽에 '시장'으로 되어 있는지 확인한다. ('시장'이 아니고 '추천'으로 되어 있으면 '시장'으로 바꾼다.)

그리고 가스비가 얼마인지 확인한다. 보통 arbitrum은 처리비용이 $0.2 ~$0.5 사이인데, 혹시 비용이 $1 가까이 나오면, 현재 거래가 폭주하고 있다는 것이므로, 조금 있다가 다시 해 본다. 가스비는 swap 화면에서가 아니고, 항상 Transaction 화면에서 확인한다. Transaction 화면을 처리하지 않고 가만히 두면 가스비가 바뀌는 것을 알 수 있다. 적당한 가스비에서 Transaction 처리를 하면 된다.

실제 처리비용은 예상치보다는 조금 적게 나온다. 메타마스크에서 활동 tab을 클릭하고 Execute를 클릭하면 실제 비용을 확인할 수 있다.

두 번째, 메뉴 상단의 [Pools]을 클릭한다. [Pools]가 안 보이는 경우, 브라우저 화면을 키우면 보일 것이다.

세 번째, [+New position]을 클릭한다.

- Add liquidity 화면에서 [Select a token]을 클릭하고 usdc를 검색한 후에 리스트에서 잔액이 있는 **Bridged USDC**를 선택한다. 만약 코인 명이 다르더라도, 첫 번째 단계에서 swap을 했기 때문에 잔액이 보이는 USDC코인을 선택하면 된다.
- Fee tier는 0.05%를 선택한다. (현재 0.05%가 유동성도 많고, APR이 높다.)
- **[Set price range]** low price는 현재 가격에서 -30%를 잡는다.
  현재 가격이 $2,025이므로, Low price는 $2,025(현재 가격) × 70% = $1,417.5
- **[Set price range]** high price는 현재 가격에서 +8%를 잡는다.
  High price는 $2,025(현재 가격) × 108% = $2,187
- 아래에 있는 USDC.e[max]를 클릭한다. Max를 클릭하면 ETH는 필요한 비율에 맞게 저절로 입력이 된다.

- **[Set price range]** 이제부터는 미세조정을 해 준다. 처리비용으로 쓸 ETH를 0.003 정도 남겨 놓고, 이를 제외한 ETH에 맞게 low price와 high price의 +, -로 미세조정해 준다.

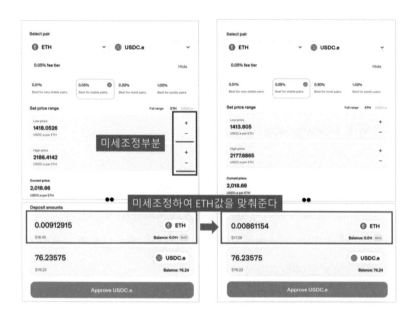

조정이 끝났으면, [Approve USDC.e]를 클릭한다. USDC.e와 같이 특정 코인이나 토큰을 처음 사용할 때는 이렇게 Approve를 한 번 해 주어야 한다.

승인화면에서 한도는 최대로 되어 있는 걸 확인하고 다음을 클릭한다. (한도를 작게 잡으면 한도가 넘을 때마다 매번 승인해야 한다.)

승인화면에서 [승인]을 클릭한다. 다음으로 [Preview]를 클릭한다.

작업 도중 가격조정이 발생했으면 다시 미세조정을 해 주어도 된다.

[Add]를 클릭한 후에 승인화면에서 시장/가스비 확인하고 컨펌을 해준다.

마지막으로 Success 화면이 뜨면 Pool이 완성된 것이다.

Success 화면에서 [View on Explorer]를 클릭해 본다.

정보를 확인해 보면, Pool을 입증해 주는 NTF가 하나 Mint되었고, ETH가 0.008752 입금되었고, USDC가 $76 입금되었다. 처리비용은 $0.35가 들었다.

| Uniswap Pool(ETH-USEC.e) Price Range 구성표(wide range)

Pool 비율 (USDC.e:ETH)	투자 성격	Set price range	
		Low price	High price
90%:10%	$ 중심 투자	현재 가격 × 60%	현재 가격 × 105%
80%:20%	$ 중심 투자	현재 가격 × 70%	현재 가격 × 108%
70%:30%	$ 중심 투자	현재 가격 × 75%	현재 가격 × 110%
60%:40%	$ 중심 투자	현재 가격 × 80%	현재 가격 × 115%
50%:50%	중립	현재 가격 × 80%	현재 가격 × 120%
40%:60%	ETH 중심 투자	현재 가격 × 85%	현재 가격 × 125%
30%:70%	ETH 중심 투자	현재 가격 × 90%	현재 가격 × 125%

| 20%:80% | ETH 중심 투자 | 현재 가격 × 92% | 현재 가격 × 140% |
| 10%:90% | ETH 중심 투자 | 현재 가격 × 95% | 현재 가격 × 160% |

* 구성표 활용 방법

Pool 비율을 정한다 → 비율에 맞추어 ETH를 USDC.e로 스왑한다 → [New Position]에서 Set price range의 Low price와 High price를 앞의 표를 보고 계산해서 입력한다.

원금의 안정적인 투자를 위해 Pool 비율은 80:20 혹은 90:10 비율을 추천한다.

표의 모든 비율 Pool은 APR이 평균 20~30% 사이에서 형성되도록 range를 잡은 것이다. 그러나, 거래량에 따라 APR은 달라지기 때문에, 일주일 정도 운영해 본 후 APR이 20% 아래로 나오면, Range를 조금 좁게 만들어서 APR을 높이는 것도 고려해 본다.

Uniswap Pool의 투자 기회

초기의 Uniswap은 지금과 같은 수수료 수익을 얻을 수 없었다. 지금은 예치금과 거래량이 늘고, 또한 ETH 가격이 초기에는 $100~200에서 $2,000로 10배 이상 늘어나면서 수수료도 따라서 늘어나게 되었다. 그래서 투자 기회도 더 많아졌다. 지금은 ETH-USDC Pool 외에도 다양한 Pool의 기회가 존재한다. ETH-ARB, ETH-OP, ETH-MATIC, ETH-LINK 등과 같이 코인-코인 pair도 가능하고, USDC-USDT, USDC-DAI 등의 스테이블-스테이블 pair도 가능하다. Arbitrum뿐만 아니라, 다른 Layer2,

예를 들면 Optimism, Base, Polygon, BNB Chain 등을 사용하여 pair를 구성하는 것도 가능하다. 여기에서 더 발전하여 Pool 구성하는 방법을 가지고 수익을 극대화하는 전략도 가능하다.

Uniswap의 다양한 전략에 대한 내용만으로도 책 한 권이 나오기 때문에, 이 책에서는 그중에서 초보 단계에서 가장 적합한 Arbitrum 체인의 ETH-USDC Wide Pool만 다루었다.

기회가 된다면, 더 많은 Pool, 다양한 체인, 그리고 Pool 전략을 학습해 나가는 것을 적극 추천한다. 그만큼 기회가 많은 부분이기 때문이다. 다음 링크에 가서 등록을 해 놓으면 추가 출판소식, 교육소식이 있으면 정보를 받아볼 수 있다.

(직장인 디파이 카페: https://cafe.naver.com/defi2080 회원가입)

7) Uniswap에서 My pool monitoring 및 분석 툴을 이용한 My pool monitoring

이제 Pools에 가 보면 내 Pool을 확인할 수 있다.

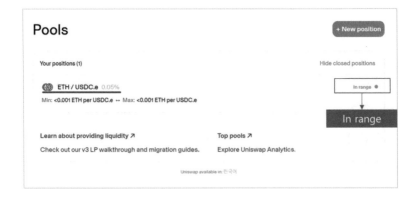

In range는 현재 ETH 가격이 내가 설정한 Range에 있어서 수수료 수익이 발생한다는 것을 의미한다. 이게 Out range로 나오면 ETH 가격이 내 range를 벗어난 상태를 의미한다. 이럴 경우는 수수료 수익이 발생하지 않는다. Out range 발생했을 때는 빠르게 pool을 제거하고 다시 pool을 만들거나, 가격이 In range로 들어올 때까지 기다려야 한다. 20 대 80 pool의 경우는 위로 out range가 났을 때는 위로 5% 정도 올려 주고 아래는 +50 정도로 맞춰 준다.

ETH/USDC.e를 클릭해 보면 Pool의 상세현황을 볼 수 있다.

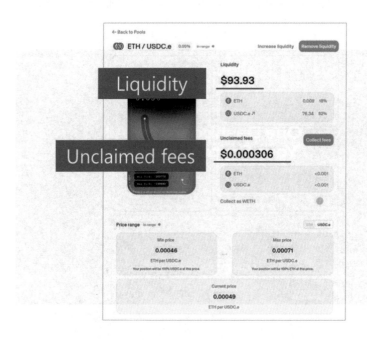

상세현황을 보면 [Liquidity]가 내가 예치한 전체 금액의 현재가치를 나타낸다. 이 금액이 수시로 변동하기 때문에, 얼마가 투자되었는지는

별도로 기록해 두는 것이 필요하다. [Unclaimed fees]는 거래수수료 수익을 나타낸다. 현재 $0.000306이 들어왔다는 것을 의미한다. 이 금액이 시간이 경과하면서 증가한다. 보통 ETH, USDC.e가 50:50 비율로 들어온다.

　편리하게 내 자산을 모니터링하는 방법은 다양한데 **Nansen**을 활용하는 방법을 해 보자.

　google에서 Nansen을 검색하고 https://nansen.ai에 가 보면, 상단의 Products 메뉴 아래에 Portfolio가 있을 것이다. Portfolio를 클릭한다.

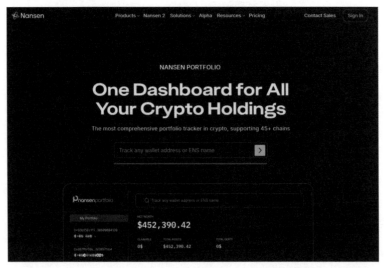

출처: https://nansen.ai

　Metamask의 내 주소를 copy해서 Track any wallet address에 넣고 클릭한다.

Nansen에 로그인하거나 지갑을 붙일 필요가 없어서 안전하게 내 자산 상태를 확인할 수 있다.

실행해 보니 내 자산 상태가 이렇게 나왔다.

Claimable은 현재까지 벌어들인 수수료 수익이다. 수익을 Claim해서 빼게 되면 이 금액은 당연히 0부터 다시 시작한다.

내 자산의 현재 비율도 확인할 수 있다. 무엇보다 내 Pool을 현재 in-range 상태인지 확인하고 두 자산의 금액도 확인할 수 있다.

이렇게 자산을 확인하는 것은 수시로 모바일에서 할 수 있다. 동일하게 Nansen 사이트에서 가서 지갑주소로 간단히 조회만 하면 된다. 적은 금액이지만 이제는 모바일에서 매일 늘어나는 수익을 확인하는 삶이다.

이렇게 $100을 기준으로 Daily 수익을 알 수 있다면, 투자금액을 ×10, ×100 늘리면 해당되는 Daily 수익도 가늠할 수 있게 된다.

8) Yield Claim&Compounding

☞ compounding 영상
오른쪽 QR을 통해, 실제 작업 영상을 확인할 수 있다.

Uniswap의 [Pool]로 이동한다. Your positions에 어제 생성한 Pool이 보일 것이다.

해당 Pool을 클릭해서 보면, Unclaimed fees를 확인할 수 있다.

▎Out of range 상태의 Pool은 어떻게 해야 할까?

Pool을 구성한 후 10일이 지나고 나서, Uniswap에서 Pool을 다시 조회해 보았다.

오른쪽에 보면 'Out of range'라고 보이는데, ETH 현재 가격이 Pool의 범위 밖으로 벗어났다는 의미다. 이렇게 되면, 수수료 수익이 발생하지 않는다. 즉 ETH/USDC 스왑거래가 내 Pool의 range에서 거래가 되고 있지 않기 때문에 수수료 수익 배당이 안 되는 것이다.

반대는 'In range'로 표기된다. 이때는 수수료 수익이 발생한다.

Pool이 'Out of range'가 발생한 경우, 대처하는 방법은 두 가지가 있다.

첫 번째, ETH 가격이 다시 내 Pool range로 들어올 때까지 기다린다.
두 번째, Pool을 다시 깨고, 다시 구성한다.

어느 것을 선택할지는 본인이 판단해야 한다.
보통은 며칠 기다려 보는 게 우선이다. 그리고 나서도, ETH 가격이 내 Pool range 범위 안으로 다시 들어오지 않으면, Pool range를 조정해 주는 것이 좋다.
(참고) Pool이 깨진 경우는(Out of range) ETH가 급등하거나, 급락한 경우가 대부분이다.
이런 경우, 1~2일 정도 기다리는 것도 필요하다. 보통 급등 후에는 눌

림목이나 조정이, 급락 후에는 반등이 나오는 경우가 많다.

* Out of range 상태의 Pool을 제거 후 다시 생성하는 방법

☞ Pool 제거 후 다시 구성하는 방법 영상
오른쪽 QR을 통해, 실제 작업 영상을 확인할 수 있다.

- Pool 화면에서 상단의 Remove 버튼을 클릭한다.
- Max로 잡고 Pool을 해제한다.
- New Pool을 만들고, 이 과정은 앞 내용을 참조하기 바란다.
  ① ETH 가격이 상승하여 위로 out of range가 난 경우.
  → 이더를 5%, USDC.e를 95% 맞춰서 range를 설정한다.
  → Low를 50~100 정도 올려 주고, high를 현재 가격에서 3%~5% 정
    도 상승시킨다.
    조금씩 Low와 High를 이동해서 이더와 USDC의 비율을 맞춰 준다.
  → ETH 개수가 0이므로, USDC.e를 필요한 만큼의(5%) ETH로 바
    꿔 준다.
  ② ETH 가격이 하락하여 아래로 out of range 가 난 경우
  → 이더를 95%, USDC.e를 5%로 맞춰서 range를 설정한다.
  → Low를 50~100 정도 내려 주고, high를 현재 가격에서 3%~5% 정
    도 낮춘다. 조금씩 Low와 High를 이동해서 이더와 USDC의 비

율을 맞춰 준다.

→ USDC.e 개수가 0이므로, ETH를 필요한 만큼의(5%) USDC.e로
바꿔 준다.

▌Yield Claim 방법

쌓인 수수료 수익을 인출하는 방법은 매우 간단하면서, 즐거운 일이
다. Pool 규모가 일정 수준 이상이 되면 Daily로 수익을 인출해도 된다.

화면에 보이는 [Collect fees]를 클릭한다. 그런 후에 오픈되는 Trans-
action을 confirm해 주면 된다.

최근 비트코인과 이더리움 가격이 상승함에 따라, DeFi도 활발해졌
다. 따라서 이런 경우에는 가스비가 약세장에서 보다 다소 높게 나온다.

이와 같이 가스비가 $1이 넘는 경우는 현재 거래가 폭주하고 있다는

의미이므로, Transaction을 처리하지 말고 가스비가 내려간 후 처리하도록 한다. '거부'를 누르면 처리는 취소된다.

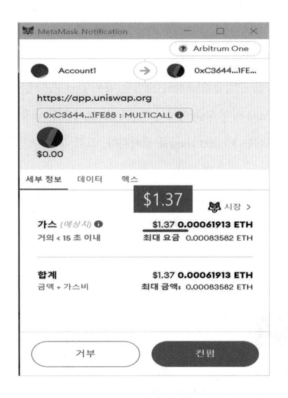

보통 가스비는 밤 시간 때부터 높아지기 시작하고, 아침부터 낮 시간이 낮은 편이다.

또한 코인의 변동성이 커지는 경우, swap 거래가 활발해져서 가스비가 올라간다. 특정 밈코인이 급등할 때도 가스비가 올라갈 때가 있다.

간혹 배치작업 처리를 하는 경우는 시간과 상관없이 일정 시간 동안 매우 높은 가스비가 유지되곤 한다.

▌Compounding 통해 예치금을 늘리고 복리구조 가져가기

앞에서 Claim한 Yield를 다시 원금에 compounding하게 되면, 연수익률은 높아진다. 이 작업을 지속적으로 하게 되면 원금이 증가하게 되는데, 원금이 증가함에 따라 그만큼 수수료 수익도 증가하게 된다. 이는 복리를 이용하는 방법이므로, 적당히 Yield가 쌓이면 compounding을 해주어야 한다.

단, Transaction 수수료가 $0.3에서 많게는 $0.8까지 나올 수 있기 때문에, 이 부분을 고려해서 compounding해 주어야 한다. 보통 출금하는 수익의 1% 미만을 쓰기를 권한다. 즉, Arbitrum 체인의 경우는 수수료 수익이 $100 이상 쌓였을 때 claim을 해 주고 compounding을 하는 것이다.

APR VS Daily Compounding한 경우 APY 비교

APR	APY(Daily compounding 기준)
35%	42%
80%	122%
150%	347%

* Yield Compounding하는 방법

① Pool 화면 상단의 [Increase liquidity]를 클릭한다.

② Add more liquidity 화면에서 USDC.e의 max를 클릭한다.

③ 자동으로 필요한 만큼의 ETH 양이 들어가면, ETH를 add하고도 수수료 0.003eth이 남는지 확인하고, [Preview]를 클릭한다. 화면에서 보면 ETH잔액인 0.006 - 자동 입력된 ETH 0.00027643을 해도 그 값이 0.003 이상 나오므로 문제가 없다. (향후 필요한 수수료 0.003eth까지 포함해서 [Preview]를 클릭하지 않도록 한다.)

- 보통 USDC.e max에 맞추어 남아 있는 ETH가 모두 입력되기는 어렵다. 그 이유는 Yield는 항상 50 대 50으로 지급되지만, 나의 Pool의 Position은 항상 정중앙에 있지 않기 때문이다. 따라서, compounding하고 나서 보면, 잔액에 조금의 ETH가 남거나 조금의 USDC.e가 남아 있을 수 있다.

- 이를 매번 compounding할 때마다 swap을 해서 내 비율에 맞추려면, 수수료가 매번 들어간다. 따라서, 잔액이 조금 남더라도 상관없

이 진행한다. 남은 잔액들이 더해져서 잔액이 $100이 넘어가면 그 때 비율에 맞게 swap 작업을 하고, 남은 잔액을 모두 compounding 해 주면 된다.

④ 오픈되는 화면에서 [Add] 버튼을 클릭하고 Transaction 처리를 해 준다.

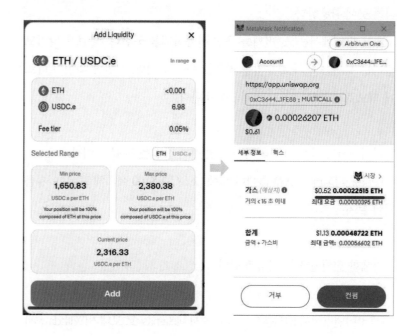

(2) 대출금융(Lending)에 코인을 예치하고 대출 이자를 지급 받는 법

Lending을 제공하는 Dapp에 투자하는 데에는 크게 보면 두 가지 이유가 있다.

첫 번째는 지갑에 있는 코인/토큰/스테이블코인 등을 그대로 두면 이자가 붙지 않기 때문에, 이를 Lending에 보관함으로써 보관기간 동안에 이자 수입을 얻는다.

두 번째는 내가 특정 코인/토큰/스테이블코인이 많은 경우, 이를 담보로 맡기고(Deposit) 필요한 코인/토큰/스테이블코인을 빌려서(Borrowing) 다른 곳에 활용한다.

초보 단계에서는 첫 번째를 우선 활용하기를 권한다. 담보를 맡기고 빌리는 행위는 추가로 수익을 창출할 수는 있지만, 그만큼 위험이 따르게 되므로 충분히 공부하고 접근해야 한다.

여기에서는 다시 $100을 가지고 첫 번째 방법을 해 볼 것이다.

Lending Dapp인 AAVE(에이브)에 USDC를 $100 예치해 보고, 이자를 받아 보자.

자세한 진행 순서는 다음과 같다.

① 바이낸스에서 ETH를 $100 구매해서 Metamask로 보내기(Withdrawal)

② 보내기 후에 Metamask에서 ETH가 잘 들어왔는지 확인

③ 크롬에서 Uniswap 접속 후 swap으로 이동

④ ETH 0.002~0.003 정도를 남겨 놓고, 나머지를 USDC.e로 swap

⑤ 크롬 CoinMarketCap에서 AAVE를 검색 후 Website로 이동

⑥ AAVE에서 지갑 붙이고 USDC.e를 예치하기

1) 바이낸스에서 ETH를 $100 구매해서 Metamask로 보내기(Withdrawal)

1번 DEX에서와 같은 방법으로 진행하면 된다.

바이낸스 UI는 지속적으로 update가 되기 때문에 다음 화면과 다른 모습일 수 있다.

[Asstes]/[Spot]으로 이동한 후 검색창에서 ETH로 검색하면 나의 Eth 잔고를 볼 수 있다.

[Action] 중에 [Withdraw]를 선택 후 [Withdraw Crypto]에서 진행한다.

[Network]을 'Arbitrum'으로 선택하는 것을 반드시 확인한다.

‹ Withdraw Crypto

If you withdraw crypto to a South Korean trading platform, please make sure that the recipient account uses the same K recipient platform may not credit your withdrawal.

Select coin

Coin

● ETH Ethereum

Send to

Address Binance user

Address

0x29⬛⬛⬛⬛⬛⬛⬛⬛⬛⬛⬛⬛⬛⬛⬛EB4a

Network

ARBITRUM Arbitrum One

Withdraw amount

Amount   3,870.9615 ETH/3,870.9615 ETH 24h remaining limit

0.04838   MAX | ETH

☑ Spot Wallet   0.04838165 ETH

☐ Funding Wallet   0 ETH

Network Fee

0.0002 ETH

2) 보내기 후에 Metamask에서 ETH가 잘 들어왔는지 확인

1번 DEX에서와 같은 방법으로 진행하면 된다.

3) 크롬에서 Uniswap 접속 후 swap으로 이동

CoinMarketCap을 통해 Uniswap에 접속한 후에는 크롬 즐겨찾기에
주소를 등록하고 사용한다.

4) ETH 0.002~0.003 정도를 남겨 놓고, 나머지를 USDC.e로 swap

☞ USDC.e swap 영상
오른쪽 QR을 통해, 실제 작업 영상을 확인할 수 있다.

[Select Token]을 클릭한 후 검색창에 'usdc.e'를 입력한 후 Bridged
USDC(USDC.e)를 선택한다.
ETH값에 현재 ETH 보유량(0.051eth) - 0.003eth 계산해서 나온 ETH
양을 넣어 준다.

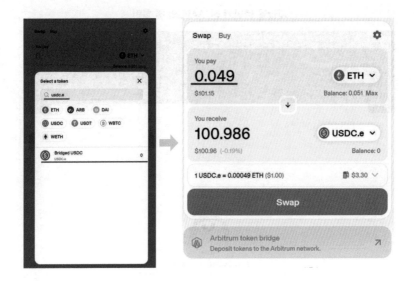

5) 크롬 CoinMarketCap에서 AAVE를 검색 후 Website로 이동

[Website]가 여러 개 있는 경우는 aave.com 을 클릭한다.

AAVE 웹사이트 상단메뉴의 오른쪽 끝에 있는 [Launch App]을 클릭한다.

처음에 다음과 같이 화면이 뜰 것이다. AAVE는 지갑을 붙이지 않으면, 데이터를 전혀 보여 주지 않고 있기 때문에 그렇다. [Connect wallet]을 클릭해서 지갑을 붙인다.

지갑을 붙이기 전, AAVE의 첫 화면

출처: https://app.aave.com/

6) AAVE에서 지갑 붙이고 USDC.e를 예치하기

☞ AAVE에 USDC.e 예치 영상
오른쪽 QR을 통해, 실제 작업 영상을 확인할 수 있다.

[Connect wallet]을 클릭 후, 'Brower wallet'을 선택한다.

Account1(지갑명)에 연결한다는 메시지가 뜨면, 내용을 확인하고 [연결]을 클릭한다.

이렇게 한번 AAVE에 연결한 이후에는 다음부터는 이런 메시지가 뜨지 않는다는 것을 기억한다.

지갑을 붙이는 것을 허용하는 화면

[연결]을 허용한 이후에는 AAVE는 Default로 Ethereum 네트워크를 사용한 Dapp을 보여 줄 것이다.

상단의 Ethereum을 클릭한 후 [Version3]/[Arbitrum]을 선택한다.

AAVE에서 네트워크를 바꿔 준다

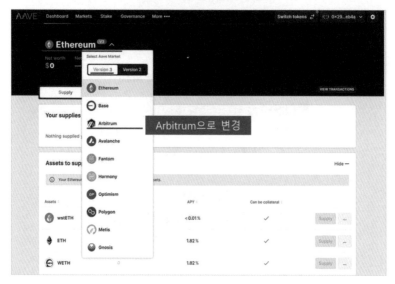

[Assets to supply]에, 내가 현재 보유하고 있는 코인에 대해서만 리스트업이 되었다.

'Show assets with 0 balance'를 클릭하면 lending을 제공하는 모든 코인을 볼 수 있다.

USDC.e를 예치할 것이므로, [Supply] 버튼을 클릭한다.

현재 화면에서 보면 APY를 보여 주고 있는데, 지금 예치할 경우에 이 자율을 확인할 수 있다.

APR이 아니고 APY로 나와 있는 이유는, 예치금의 이자가 자동으로 예치금에 Compounding되기 때문이다. APY는 빌린 돈이 많아지면 자동으로 올라가고, 적어지면 자동으로 내려간다. 고정된 이자율이 아니다.

Supply 클릭 후, Supply USDC.e에서 [max]를 클릭하고 모든 돈을 예치한다. 여기서도 현재의 APY를 확인할 수 있다. Collateralization이 Enabled로 나오는데 이는, 지금 예치한 돈을 담보로 다른 코인을 빌릴 수 있다는 말이다.

AAVE Dapp에서 처음으로 USDC.e 코인을 사용할 것이므로 Approve를 먼저 진행하고, Supply를 진행하면 된다. Approve를 클릭하면 서명 요청이 나오고 내용을 확인 후 서명한다.

(USDC.e를 다시 예치할 시에는 Approve는 나오지 않는다. 코인별 최초 한 번만 하는 것이다.)

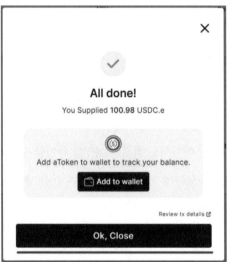

서명을 되었으면, 이제 [Supply USDC.e]를 클릭한 후 Transaction 화면이 나오면 '컨펌'을 클릭한다.

All done 화면이 뜨면 성공한 것이다.

aToken은 굳이 지갑에 추가할 필요는 없다. Ok, Close를 클릭한다.

이제 USDC.e 예치에 성공하였다.

다음 화면을 보면 예치금은 'Net Worth'(현재 잔액)에 나온다. 이자는 실시간으로 계속 들어오고 있기 때문에 Net Worth는 계속해서 상승할 것이다. 그리고 현재 APY(연간이자율)도 확인할 수 있다. 작업하는 도중에 APY가 5.9%에서 6.35%로 증가한 것을 볼 수 있다. APY는 이렇게 수시로 변한다.

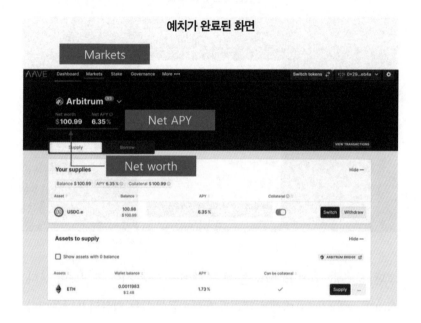

메뉴 상단에 있는 [Markets]을 클릭하면, 현재 AAVE의 전체 예치금 규모와 예치 가능한 코인들 각각의 APY를 확인할 수 있다.

[Markets] 화면에 나오는 Supply APY는 예치 시 플러스(+) 이자율이고, Borrow APY는 해당 코인을 빌릴 때 지불해야 되는 마이너스(-) 이자율이다.

* 예치금을 인출하기

USDC.e를 다른 곳에 활용하기 위해 나중에 인출이 필요할 수 있다.
이때는 [Withdraw]를 클릭한 후에 인출금액을 넣고 [Withdraw USDC.e]
를 클릭하면 된다. Transaction 화면이 뜨고 confirm해 주면 된다.

일반적인 인출 화면

단, Supply 외에 Borrow를 했을 때에는 인출 시에 조심해야 한다.
Health factor가 1.0 아래로 내려가면 예치금이 모두 청산되기 때문이다.
청산된다는 것은 예치금을 모두 잃는다는 것을 뜻한다.

다음은 USDC.e를 담보로 ETH를 0.02만큼 borrow한 상태에서 USDC.
e 인출을 시도하는 화면이다. 이렇게 Max로 인출을 하게 되면, Health
factor가 1.01이 되기 때문에 ETH 가격 변동이 발생하면 바로 청산이 될
수도 있다.

만약, Borrow를 하게 된다면, Health factor를 2.0 정도로 유지해 주는 선에서 인출하는 것을 권장한다.

대출금융(Lending)을 사용하는 두 번째 목적은 담보를 통해 대출을 받아 투자하는 레버리지 투자를 하기 위함이다. 하지만, 코인은 변동성이 큰 만큼, 코인을 담보로 대출을 받아 투자를 하는 경우, 매우 위험한 투자 방법이 될 수 있다. 변동성으로 인해 원금이 청산될 수 있다는 것이다. 매우 위험한 투자 방법인 만큼 초보 단계에서는 하지 않는다. 또한 투자원금에 해당하는 First Layer에서 이렇게 담보를 통한 레버리지 투자를 하는 경우는 더욱 신중해야 한다.

또한 Lending은 DEX보다 hacking 위험이 높다. 높은 이자율에 현혹

되지 않도록 하고, 새로운 Lending DApp을 사용하기 전에 충분히 해당 DApp에 대해 알아보고 나서 투자해야 한다.

(3) 수수료 수익을 가지고 한 번 더 수익 창출하는 방법

Claim한 Yield를 compounding하지 않고, 원화로 바꿔서 쓰는 경우가 있다. 이럴 때 추가적인 수익을 내는 방법이 있다. 이걸 잘 활용하게 된 다면 적게는 2%에서 많게는 8%까지 수익을 추가적으로 낼 수 있다.

방법은 Lending과 김치프리미엄을 동시에 활용하는 방법인데, 쉽게 따라 할 수 있는 두 가지 방법을 소개한다.

국내거래소로 가져오기 전까지 알차게 수익 내는 방법, 첫 번째.

Claim한 Yield를 모두 USDC.e로 바꾼다. 이렇게 하면 그날의 수익금이 확정된다. USDC.e 가격은 고정이기 때문에 수익금이 확정되는 것이다. ETH로 가지고 있는 경우는 가격이 하락하면 수익금은 줄어들게 된다.

바꾼 USDC.e는 AAVE에 Lending해서 추가 이자 수익을 얻는다. 그리고 기다린다. 언제까지?

김치프리미엄이 평소보다 2~3% 이상 올라가는 날까지다. 이때 가지고 있던 USDC.e를 바이낸스를 거쳐 국내거래소로 보내면, 2~3% 수익을 추가로 챙기게 되는 셈이 된다.

국내거래소로 가져오기 전까지 알차게 수익 내는 방법, 두 번째.

Claim한 Yield를 모두 ETH로 바꾼 후에 바이낸스로 전송한다. 그런 다음 ETH를 모두 Sell해서 USDT로 바꾼다. 이렇게 하면 USDT는 스테이블코인이므로 그날의 수익금이 확정된다.

이제는 USDT를 바이낸스에서 lending을 하는 방법이다. 메뉴 중에 바이낸스 Earn을 이용하는 것이다. Earn 메뉴에 가서 USDT 전량을 Lending한다.

바이낸스의 상단 메뉴에 Earn이 있다. 이 부분을 클릭해서 들어간다. 검색창에 USDT를 입력 후에 [Simple Earn], [Flexible]을 Subscribe한다.

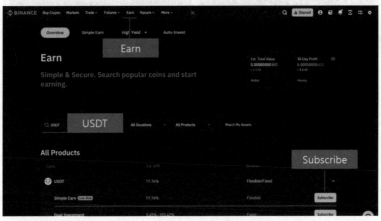

출처: https://www.binance.com/en/earn/simple-earn?asset=USDT&productId=USDT001

그런 후에, 나오는 Earn 화면에서 max를 클릭해서 모든 USDT를 예치하면 된다. Flexible pool이기 때문에 언제든지 인출 가능하다.

이자는 오른쪽에서 확인할 수 있는데, 현재는 연 10.76%를 기본으로 제공하고, $500까지는 연 7%를·추가로 제공하고 있다. (지금은 일시적으로 이자율이 높게 형성되어 있다. 보통은 4~5%선이다.)

첫 번째와 같이 기다리고 있다가, 김치프리미엄이 평소보다 2~3% 이상 올라가는 날에 USDT를 인출해서 국내거래소로 보낸다. 2~3% 수익을 덤으로 얻게 되는 것이다.

(4) 내 자산을 자세히 모니터링하는 방법

다음은 지갑을 모니터링하는 용도로만 활용하기를 권장한다. 지갑을 붙이지 말고, 주소만 복사에서 붙여서 활용하면 된다. 모바일에서도 가능하다.

Debank(https://debank.com): 자산 내역 확인하기

Uniswap에 유동성을 예치하고 Daily income을 모니터링하기 위해 Nansen 사이트를 활용했었다.

전문적인 DeFi 투자자는 Debank도 많이 사용한다.

Debank에서 내 자산 확인하기

현재는 Arbitrum 체인만 사용하므로 Arbitrum만 집계가 되었다. 그리고 Aave에 예치금 금액과 Uniswap V3에 있는 금액을 확인할 수 있다.

Debank는 커버하는 Dapps이 많기 때문에 Nansen에서 안 보이는 Dapp들도 볼 수가 있다.

▌Revert(https://revert.finance): Uniswap Pool의 APR 확인하기

Revert는 Uniswap에 예치된 모든 Pool에 대해서 APR 포함한 상세 내용을 보여 준다. 따라서 내 Pool뿐만 아니라, 다른 사람이 어떻게 Uniswap pool을 운영하고 있는지 확인할 수도 있다. 이런 부분에 있어서 매우 도움이 되는 사이트다.

우선은 내 주소를 복사해서 검색창에 붙이고 [Go]를 클릭한다.

그러면 다음과 같이 Uniswap에 공급한 내 Pool을 볼 수 있다. Fee_APR이라고 나오는 부분이 바로 내 Pool의 연간 이자수익률이다. APR이므로 compounding 전의 이자수익률이다. 현재는 36.45%이다.

(그런데 이상한 부분이 있다. total_apr이 -24.75%이다. 이건 투자금이 매우 적기 때문에 나타나는 현상이다. Pool을 생성하면서 지불했던 수수료가 total_apr을 마이너스(-)로 만들었다. 투자금 규모를 늘리면 total_apr 부분도 정상적으로 확인할 수 있게 된다.)

상세히 보고 싶으면 [expand]를 클릭한다. Expand를 하면 다양한 정보를 확인할 수 있다.

중요한 몇 가지를 확인해 보자.

- avg_daily_fee: 하루에 발생하는 이자 수익. 현재 $0.1이 나의 daily income이 된다.
- limit_prices: Pool의 cover range이다. Current_price가 range를 벗어나면 fee는 들어오지 않는다.
- invested_assets: 초기 내가 Pool을 구성했을 때 들어간 투자금이다.
- current_assets: eth 가격변동으로 두 코인의 보유량은 변하게 되는데, 현재의 두 코인 보유량이다.
- position_age: Pool의 유지기간. 현재 이 풀은 이틀 하고도 21시간 동안 운영 중이다.

다른 사람의 Pool을 확인하고 싶으면, WETH/USDC 부분을 클릭하거나 상위 메뉴 중에 Top position을 클릭하면 된다.

(5) 디파이(DeFi) 실행 단계 한눈에 보기

국내 거래소
• 농협은행을 통해 업비트로 원화를 입금한다. • 원화 입금 후 24시간이 지난 뒤에, 원화로 XRP를 Buy한다. • XRP Buy후 바로 해외거래소 (Binance)로 XRP를 전송한다. • XRP 전송시에는 XRP 메인넷을 사용해야 한다. (국내로 전송시에도 메인넷 사용) • XRP 주소와 memo 일치 여부를 항상 확인한다.

- 입금된 XRP는 바로 Sell해서 USDT로 바꾼 후, USDT로 ETH를 Buy한다.
- Bnb잔액이 없으면, 수수료 할인을 받기위해 조금의 BNB를 Buy한다. (수수료는 0.075%)
- metamask 지갑으로 ETH를 전송할 때는 네트웍은 Arbitrum으로 선택한다.
- Claim fees, 또는 USDT는 Binance Earn에 넣어 놓으면 추가 이자를 받을 수 있다.
- 국내 거래소로 보내기전에 김치프리미엄을 확인한다. 4%이상이면 높을 때다.
- Binance에서 업비트로 보낼 때, 업비트에 Binance계좌가 등록되어 있어야 입금이 된다.

- Dapp은 CoinmarketCap 사이트를 통해 접근하고, 크롬 즐겨찾기에 추가한다.
- [ETH] 와 [USDC.e] Pool구성으로 0.05% fee tier를 선택 후, Set price range를 입력.
- USDC.e 비율을 높일수록 안전성이 올라간다. USDC.e 비율을 80% 혹은 90%로 설정한다.
- 비율에 맞춰 swap을 하고, Price range 구성표를 보고 set price range를 입력한다.
- 1주일 지난 후 APR을 확인 후 20%이하이면, range를 조금 좁게 재조정해준다.
- 투자원금 (First Layer) 경우는, APR은 20~30%를 목표로 설정한다.
- Range가 좁아질 수록 APR은 올라가지만, 반대로 안정성은 떨어진다.
- Pool이 In-range 일 때 수수료 수익이 들어온다. Out-of-range는 수익이 없다.
- Unclaimed fee (수수료 수익) $100 이상일 때 찾아서 원금에 compounding 한다.
- ETH가격이 상승하여 위로 out of range가 난 경우:
   → ETH를 5%, USDC.e를 95% 맞춰서 range를 설정하여 Pool을 다시 만든다.
- ETH가격이 하락하여 아래로 out of range 가 난 경우:
   → ETH를 95%, USDC.e를 5%로 맞춰서 range를 설정하여 Pool을 다시 만든다.

- Uniswap에서 ETH 0.002~0.003 정도를 남겨놓고, 나머지를 USDC.e로 swap 한다.
- CoinMarketCap에서 AAVE를 검색 후, AAVE화면으로 이동한다. 즐겨찾기 한다.
- Dapp에 지갑을 붙일 때, 연결한다는 메시지가 뜨면, 내용을 확인하고 [연결]을 클릭한다.
- 연결한 이후에는 다음부터는 이런 메시지가 뜨지 않는다는 것을 기억한다.
- AAVE에서 네트웍을 Arbitrum으로 바꿔준다 .
- USDC.e를 예치할 것이므로, USDC.e 라인에 있는 [Supply] 버튼을 클릭한다.
- [Markets]에서는 전체 예치금 규모와 예치 가능한 코인들 각각의 APY를 확인할 수 있다.
- 인출할 때는 [Withdraw]를 클릭, 인출금액을 넣고 [Withdraw USDC.e]를 클릭하면 된다.
- Borrow를 했을 경우, Health factor가 1.0 아래로 내려가면 예치금이 모두 청산된다.

- 전체 자산 금액, DeFi 모든 내역 확인 : Debank 사이트 (https://debank.com)
- 나의 Uniswap Pool APR 확인 : Revert Finance 사이트 (https://revert.finance)
- Daily income 확인 : Nansen 사이트 (https://nansen.ai)

디파이(DeFi)
위험 관리:
위험 종류와 대비책

DEF HACKING   DEFI SCAMS

탈중앙화 금융(DeFi)은 혁신적이고 기회가 많지만, 아직 시장이 초기 단계로 성장 중이므로 다양한 위험요인이 존재하고 있다. Dapp 프로젝트에서도 다양한 위험에 맞서 Audit, Bounty program 운영, multi siege, insurance 등으로 위험 관리를 하고 있다.

Dapp을 이용할 때는 위험에 대해 항상 인지하고, 스스로 룰을 만들어 지켜 나가는 게 중요하다.

특히 터무니없는 APR을 제시하는 Dapp은 항상 조심해야 한다. 위험 유형에는 ① 총손실 발생 위험(Total Loss Risk), ② 해킹 위험, ③ 러그풀(Rug Pull) 발생 위험, ④ 피싱(Phishing) 위험, ⑤ 원금 손실 위험이 있다. 다음에서는 각 위험 유형에 대한 개요와 위험을 최소화하기 위한 대비책을 제시한다.

① 총손실 발생 위험(Total Loss Risk)

DeFi 프로토콜이나 투자 자산의 가치가 완전히 사라지는 경우를 말한다. 모든 위험 중에서 가장 조심해야 하는 위험 중에 하나다. 총손실 위험은 해킹, 러그풀, 피씽 모두에 의해 발생할 수 있다.

총손실의 가장 대표적인 예는 피씽으로 인해 지갑이 모두 털리는 경우다. 이런 경우는 본인의 절대적인 부주의로 인해서 간혹 발생하는 사례인데, 보통 Twitter 등의 공짜토큰(Airdrop) 미끼나, 고수익 미끼로부터, 해당 사이트에서 내 지갑을 붙이면서 발생한다.

[대비책]

- 자산규모가 커지면 지갑을 분산해서 관리한다. 자주 이용하는 DEX용 지갑과 드물게 이용하는 Lending용 지갑을 구분해서 자산을 관리한다.
- 자산 규모가 큰 경우는 Ledger와 같은 cold wallet을 사용한다.
- 신뢰성 높은 Dapp을 사용하고, 자산규모가 불어나면 한 가지 Dapp에 대한 의존도를 줄인다. Twitter 등의 무료코인 혹은 NFT claim 정보에 지갑을 붙이지 않는다.
- Risk 높은 것을 이용할 때는, 리스크 한도를 설정해 자본의 일부만 위험에 노출시킨다.
- 정기적으로 시장 동향과 본인이 이용하는 Dapp 프로젝트 동향을 파악한다.

② 해킹 위험

해커들이 취약점을 찾아 DeFi 플랫폼을 공격하고 자금을 도난 당하는 경우다. 코드의 취약점 또는 보안 실패로 인해 발생한다. 개인지갑이 아니고, Dapp이 해킹을 당하는 경우다.

[대비책]

- 외부 감사를 받은 프로토콜, Dapp을 사용해 안전성을 높인다. 하지만, 안타깝게도 현재 수준에서는 감사는 100% 안전성을 보장하지 못한다.

- 원금은 특히 TVL이 높고 오랜 기간 운영한 경험이 있는 프로젝트를 이용하고, Reserve나 Insurance 같은 제도적 장치가 있는지 확인한다.

- 너무나 당연하지만, 내가 이용하는 Dapp을 트윗하고 보안 관련 최신 뉴스와 업데이트에 주의를 기울이고 즉시 대응한다. Dapp을 이용하는 중에 뭔가 이상하다는 느낌을 받으면 즉시 중단하고, 트윗의 공지나 업데이트 여부를 확인한다.

③ 러그 풀(Rug Pull) 발생 위험

프로젝트 창시자나 개발자가 투자자의 자금을 가지고 도망치는 사례다. 프로젝트의 신뢰성을 손상시키고, 투자자에게 큰 재정적 손실을 초래한다. DeFi 초기에는 이런 사례가 많았지만, 시장이 발전하면서 최근에는 발생 횟수가 현격히 줄어들었다.

[대비책]

- 잘 알려진 제3자 감사업체를 통해 Dapp 프로젝트의 보안 감사(Audit)를 받았는지, KYC검증을 받았는지 확인한다. 이때 잘 알려진 Audit 업체 외의 작은 업체들은 신뢰하지 않는게 좋다.

Top Audit 업체 리스트: ABDK, CertiK, ChainSecurity, Consensys

Diligence, OpenZeppelin, PeckShield, Sigmaprime, SlowMis, Trail of Bits, QuantStamp

- CoinmarketCap(https://coinmarketcap.com/)에서 해당 코인이나 프로젝트를 검색하고, 해당 코인이 등록되어 있지 있는지, 코인 정보에 negative notice가 있는지 확인한다. 보통 상단에 붉은 글씨로 표시되는데 이런 게 있는 경우는 무조건 피해야 한다.
- Dapp 프로젝트 document를 확인해서 프로젝트 투명성을 알아본다. Team에 대해서 전혀 알 수 없거나, 다른 프로젝트 document를 copy한 것 같은 엉성한 형태의 document가 느껴질 때는 해당 프로젝트를 사용하지 않는 게 좋다.
- Dapp 웹사이트 UI가 엉성하고, 급하게 만든 것 같은 사이트 형태를 조심한다.
- Twitter를 만든 시점이 지금부터 1~2개월 내에 있으면 조심한다.
- Twitter에서 잘 알려진 다른 프로젝트와의 협력이 체결된 게 있는지 확인하고, 없으면 조심한다.

CoinMarketCap에서 코인을 검색하면 상단 중앙에 negative notice가 나오는 경우가 있다. DYOR(Do Your Own Research)하라고 나오는데, 이런 경우는 Rug Pull의 위험이 있으니 해당 Dapp은 사용하지 않도록 한다.

④ 피씽(Phishing) 위험

피싱은 사용자를 속여 개인정보를 획득하려는 사기 행위다. Twitter에서의 공짜 Airdrop 광고나 NFT 배포로 유혹해서 피씽하는 경우가 매우 흔하다. 그리고, DNS 서버를 해킹하여 사용자를 가짜 웹사이트로 유도하는 기술을 활용하여 DApp 프론트에서의 피씽 사기가 종종 발생한다.

[대비책]

- Twitter에서 보면 무상 코인 제공, NFT 배포와 같은 광고나 글들을 접하는 경우가 많을 것이다. 99.9%는 fake인 만큼 절대 본인의 지갑(Metamask)를 붙이면 안된다. 소탐대실하게 된다.

- 내가 평소에 자주 이용하는 Dapp인 경우, 어느 날 갑자기 지갑을 다시 붙여야 한다는 Message가 뜰 때가 있으면, 붙이지 않는다. 이런 경우를 만나게 되면, 일단 하루, 이틀 사용하지 않는 게 좋다. 보통 DNS 해킹은 해당 프로젝트에서 바로 발견해서 처리하는 경우가 많다. Twitter를 통해 DNS 해킹 여부와 조치 완료되었는지 확인한다.

- DApp에 접근할 때 공식 웹사이트나 안전한 링크를 사용하고 URL을 확인한다. URL의 'https://' 여부 등을 확인한다.

- 자주 이용하는 Dapp은 즐겨찾기 해 놓고 사용하고, 웹사이트를 처음 오픈할 때는 CoinMarketCap에서 검색해서 나오는 주소로 접근한다.

- 안티바이러스 소프트웨어(V3)를 사용해 악성 웹사이트로부터 보호한다. V3는 수시로 업데이트, 실시간 체크, 자주 My PC 검사를 하도록 한다.

⑤ 원금 손실 위험

유동성 풀에 참여 시, 특정 토큰의 가치 하락으로 인해 풀 내의 토큰 비율이 재조정되며, 이로 인해 더 많은 수량의 가치가 떨어진 토큰을 소유하게 되어 원금 손실이 발생한다. 이러한 손실은 ETH, BNB, Matic과 같이 Major 코인으로 구성된 유동성 풀보다는, 시총이 적거나 새로 생긴 신규 토큰으로 구성된 유동성 풀에서 발생한다. 토큰의 경제학적 요인, 특히 지속적인 대량 발행으로 인한 인플레이션이 심할 때 더욱 커질 수 있다. 강세장보다는 약세장에서 심하게 나타나는 경향이 있다.

예를 들어 설명해 보면,

- 풀의 구조: 유동성 풀은 두 가지 토큰, 여기서는 A토큰과 B토큰의 균형을 유지한다. 사용자가 두 토큰을 동일한 가치로 풀에 예치했다고 하자.
- 인플레이션의 영향: 만약 A토큰이 지속적으로 대량 발행되어 인플레이션이 발생하면, 시장에서 A토큰의 가치는 하락할 가능성이 높다. 이는 A토큰의 공급 증가와 관련된 경제학적 원칙에 따른 것이다.
- 가격 변동: A토큰 공급량 증가는 A토큰의 가치를 하락시키는데, A토큰이 하락하면 유동성 풀 내에서 A토큰과 B토큰 간의 균형이 깨진다. AMM(자동화된 시장 메이커)은 이 균형을 맞추기 위해 작동한다.

- 토큰 재조정: AMM은 A토큰의 가치가 하락함에 따라, B토큰을 팔아 A토큰을 사들여 풀 내의 가치 균형을 맞춘다. 결과적으로, 유동성 제공자는 처음 예치했을 때보다 더 많은 A토큰과 더 적은 B토큰을 가지게 된다.
- 원금 손실의 확대: 사용자가 유동성을 제거할 시점에 A토큰의 가치가 크게 하락했다면, A토큰의 수량은 증가했으나 전체적인 가치는 감소했을 것이다. 즉, B토큰을 팔아 A토큰을 더 많이 구입했음에도 불구하고, A토큰의 가치 하락으로 인해 전체 자산의 가치는 줄어든다. 이는 원금 손실로 이어진다.

[대비책]

- A토큰의 공급 구조 체크: A토큰의 총 공급량과 현재 시장에 유통되고 있는 양을 파악하고, A토큰이 어떻게, 언제, 얼마나 더 시장에 공급될 예정인지 확인한다. 초기부터 계속 토큰 공급량이 일정하게 공급되는 것보다는, 초기에는 공급량이 많았다가, 점차적으로 줄어드는 구조를 가지는 것이 좋다.
- Lockup 및 Vesting 체크: 개발팀, 초기 투자자, 조언자 등의 물량 중 얼마나 많은 양이 잠겨 있는지, 그리고 언제 해제되는지 확인한다. A토큰에 대한 vesting(물량 해제) 계획을 파악하여, 언제 대량으로 토큰이 시장에 풀릴 가능성이 있는지 체크한다.

※ Vesting Check Site:

https://cryptorank.io/token-unlock

- 디플레이션 정책 체크: A토큰의 경제 모델에 소각 메커니즘이 포함되어 있는지 확인한다. 소각은 토큰의 총 공급량을 줄여 디플레이션 효과를 일으키는 방법이다. 토큰 소각은 가격 방어에서 중요한 역할을 한다.

- Staking 구조 체크: A토큰을 staking하면 어떤 보상을 받을 수 있는지, 그리고 그 조건들을 확인한다. 다른 Dapp과의 협력을 통해 A토큰의 Staking 창구를 늘려 나가고 있다면 이는 가격방어에 도움이 된다.

- 시장 가격 체크: A토큰의 가격이 상승은 1도 없고 지속적으로 하락만 하고 있는 것이 아닌지 체크한다. 이런 경우는 극초기 진입자만 이익을 보고, 후발 참여자들은 손해를 보게 된다.

에필로그

    Tom은 알파소프트와의 2년 계약을 마치고, 재계약을 하지 않고 휴양지로 휴가를 떠났다.

    휴가지에서 Tom이 알파소프트 조 과장에게 메일을 보내왔다. 조 과장은 Tom의 메일을 기획팀원들에게 포워드하였다.

Tom이 메일을 보내왔네요. Fwd 드립니다.
한글 번역해서 Tom이 보내온 사진과 함께 보내 드립니다.

-----Original Message-----
From: "Tom"〈tom.p.pro@gmail.com〉
To: "조 과장님"〈007.jo@alphasoft.com〉
Cc:
Sent: 2024-01-20 (토) 02:16:31 (GMT+09:00)
Subject: 조 과장님…. Tom 입니다.
조 과장님 안녕하세요,

알파소프트를 떠난 지 10일이 지났네요. 그동안 잘 지내셨는지요? 이곳에서의 생활에 점차 적응하고 있습니다. 이 부장님, 임 대리님, 박 사원님께도 제 안부를 전해 주세요. 알파소프트에서 보낸 시간들이 정말 그립습니다.

현재 저는 앞으로 한 달 정도 더 휴식을 취하며 여행을 즐길 예정이며, 그 후 미국으로 돌아갈 계획입니다. 미국에 돌아가면, 기회가 된다면 최신 DeFi 소식을 전해 드릴게요.

조 과장님도 제가 전에 말씀드린 대로 DeFi에 잘 투자하고 계시리라 생각됩니다. 주식을 사고, 오르면 팔고, 내리면 기다리는…… 그런 전통적인 방식에만 의존하고 계시진 않겠지요?

물론 조 과장님의 투자 성공을 믿고 있습니다만, 변동성이 높은 알트코인이나 잡코인, 밈코인에 투자하여 헛된 꿈을 꾸지 않으셨으면 합니다. 주식이든 코인이든 단기 상승에만 의존하는 투자 방식은 성공하기 어렵다는 점을 잊지 마세요.

이런 방식의 투자는 일상에도 방해가 됩니다. 주식이나 코인 차트만 계속 보느라 바쁘게 되니까요. 하지만 DeFi는 일에 집중하면서도 재테크를 가능하게 해 줍니다.

이런…… 또 이런 내용을 메일로 쓰고 있네요. 조 과장님을 걱정하는 마음에서 나오는 것이니 이해해 주시길 바랍니다.
조 과장님의 꾸준하고 안정적인 DeFi 투자 성공을 이곳에서도 진심으로 기원합니다.

Tom 드림

중급편

[미리보기]

워렌버핏(Warren Buffett) 투자 원칙

제1규칙 : "절대 돈을 잃지 말라"
제2규칙 : "제1규칙을 절대로 잊지 말라"

중급편에서 다룰 내용이 광범위하기 때문에, [미리보기]에서는 구체적인 가이드를 제공하기보다는 Chapter4까지 초급편을 마친 독자들이 향후 탐색할 내용에 대해 흥미를 느낄 수 있도록 하는데 초점을 맞추었다.

추가적인 내용은 네이버 [직장인 디파이 카페] 참조
(주소: https://cafe.naver.com/defi2080)

중급편은 더 높은 투자 수익을 추구하는 방법들에 대한 내용이다. 초급편에서는 안전한 투자 방법을 우선시했지만, 중급편부터는 일정 수준의 안전을 유지하면서 연간 수익률(APR)을 높이는 다양한 방법을 탐구한다. 원금을 투자할 때는 충분한 학습과 신중한 검토가 필요하다. 높은 이익 가능성에는 상응하는 높은 손실 위험도 존재하기 때문에, 신중한 투자 결정이 요구된다.

중급편_미리보기에서 추천하는 투자방법은 [3Y 투자 전략] 중 Second Layer, Third Layer로 투자하는 방법이다.

3Y 투자 전략

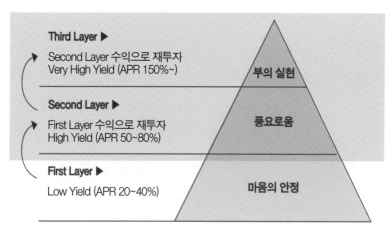

중급편은 다양한 투자 기회와 방대한 학습 내용을 다루는데, 블록체인 네트워크와 DApp의 지속적인 증가로 인해 그 내용이 매우 광범위하기 때문이다. 이는 학습해야 할 분량이 상당히 많음을 의미하며, 블록체인

과 DApp의 성장이 이러한 정보의 확장을 더욱 가속화하고 있다. 그 중에 초급편을 끝낸 독자들이 우선 학습하면 좋을 투자 방법으로 다음의 몇 가지를 소개한다.

- Uniswap DApp 활용 다각화: 단일Pool 활용에서 복합적 활용으로 전개한다.
- Ethereum 활용 확장: 단일 예치에서 Staking, Pooling, 및 Re-lending 으로 확장한다.
- Stable Coin 예치 전략: 최대 APR 실현을 위해 예치금을 이동한다.

Uniswap DApp 활용 다각화
: 단일Pool 활용에서 복합적 활용으로 전개한다.

① Arbitrum 외에 다른 네트웍에서도 Uniswap을 이용한다.

Uniswap은 현재 다음과 같이 7개의 블록체인 네트웍에서 서비스를 하고 있다.

이 책에서는 이들 중에 Arbitrum네트웍의 Uniswap Pool에 대해서 설명하였다. 동일한 방법으로 다른 다양한 네트워크에서도 Uniswap 서비스를 이용할 수 있는데, 이렇게 되면 네트웍에 따라 APR과 거래수수료가 다르므로, 본인이 설정한 Range에 맞추어 높은 APR을 찾아갈 수 있다.

아래 그래프는 각 네트웍의 예치금 분포도이다. 네트웍마다 전체 예치금이 분포되어 있는 모양이 다른 것을 확인할 수 있다. 이를 참조해서 본인의 Range가 적게 분포되어 있는 네트웍을 찾거나, 예치금 대비 거래량이 높은 네트웍을 찾게 되면, 같은 Pool이라도 높은 APR을 확보할 수 있다. 또한 거래수수료가 낮다면 compounding 횟수를 증가시켜 APY를 높일 수 있게 된다.

ETH-USDC Pool의 예치금 분포도

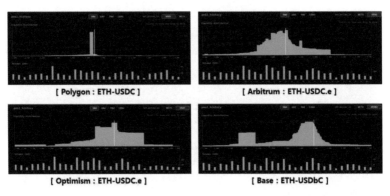

[Polygon : ETH-USDC] [Arbitrum : ETH-USDC.e]

[Optimism : ETH-USDC.e] [Base : ETH-USDbC]

출처: https://revert.finance

② Pool Range에 변화를 준다.

Chapter3에서는 80대20 비율로 Wide하게 Pool을 구성하였다. 여기에 변화를 주게 되면 APR도 바뀌게 된다.

아래 그림에서 보듯, 5원을 넓은 범위에 예치할 경우 각 구간마다 1원씩 분배되지만, 좁은 범위에 5원을 전부 예치할 경우 해당 구간에 모든 투자금이 집중된다. 현재 이더리움 가격이 핑크 구간에 위치한다면, 좁은 범위에 투자한 경우가 높은 APR을 제공하게 된다. 이는 같은 투자금으로 더 높은 수익률을 얻을 수 있는 좁은 범위 예치의 효과를 보여준다.

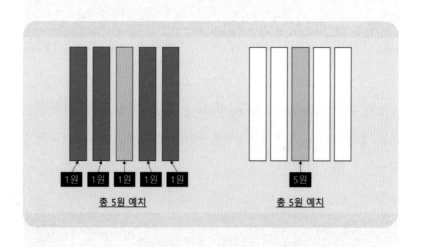

이처럼 Pool을 좁은 범위로 가져가는 전략은 APR을 증가시킬 수 있는 좋은 방법이다. 그러나, 이로 인해 풀이 설정 범위를 벗어나기 쉽고, 이는 이자보다 큰 손실을 초래할 수 있다. 따라서 이 전략은 차트 분석 능력이 필요하며, 주식 투자 경험이 있는 사람들에게 적합하다. 차트 분석에 익숙하지 않다면, 먼저 학습한 후 좁은 범위 전략을 적용해야 한다.

[좁은 범위(Narrow Range) Pool의 APR 예 (2024.2 기준)]

pool/fees	PnL	APR	fee_APR	value	age
WETH/USDC 0.1%	$5.04	176%	302%	$698.49	1.5 days
WETH/USDC 0.3% OUT OF RANGE	$16.48	219%	250%	$1,091.89	3.0 days
WETH/USDC 0.1%	$370.16	161%	220%	$15,863.03	5.2 days
WETH/USDC 0.1%	$46.66	155%	212%	$8,918.89	1.2 days
WETH/USDC 0.1%	$169.54	204%	210%	$7,357.13	4.1 days
WETH/USDC 0.1%	$237.11	189%	197%	$10,336.06	4.5 days
WETH/USDC 0.1% OUT OF RANGE	$14.11	164%	186%	$679.26	4.6 days
WETH/USDC 0.1% OUT OF RANGE	-$46.98	-124%	182%	$8,044.87	2.0 days

출처: https://revert.finance

또한, 좁은 범위(Narrow range) 방법에는 Mode Right, Mode Left, Mode Both 방법이 있다. 이 방법이 궁금한 사람은 Maverick document를 읽고 학습한 후 투자 가능하다.

Maverick Document: https://docs.mav.xyz/guides/liquidity-providers/understanding-modes

Ethereum 활용 확장
: 단일 Lending에서 Staking, Pooling, 및 Re-lending으로 확장한다.

① High APR을 제공하는 DApp을 이용한다.

모든 DApp을 탐색하며 높은 APR을 찾는 것보다, 새로운 네트워크 / DApp / 금융상품에서 높은 APR을 찾는 것이 효율적이다. 새로운 DApp 이나 금융상품은 종종 높은 APR을 제공하며, 현재 DeFi에서는 DAO 등장, 레버리지 파밍(Leveraged Farming) 활성화, 스테이킹된 ETH(Staked ETH), 재스테이킹 ETH(Re-staking ETH) 등 새로운 혁신이 이를 가능하게 한다. 여기서부터 찾아 나선다면 높은 APR을 제공하는 비교적 안전한 DApp서비스를 발견할 수 있다.

필자가 사용하는 2가지를 소개한다. 이외에도 여러 개가 존재한다.
(새로운 DApp에 투자금을 예치할 때는 Chapter4를 반드시 참조하길 바란다. 그리고 DYOR 해야 한다)

Arbitrum Network에서 서비스되고 있는 $ Stella DApp

Stella는 Leveraged farming과 연계되어 있어, ETH 예치 시 높은 APR 이 가능해진다.

Stella는 예치금이 많지는 않지만, Biance Lab이 투자사에 포함되어 있고, Alpha Homora로 익히 알려진 Alpah finance lab 팀에 의해 개발, 운영되고 있다.

$ Stella Lending APR (2024. 2 기준)

Stella는 ETH 예치 시 36.01%의 APR을 제공한다. Stella는 Leveraged Farming과 연결되어 있어, ETH예치금이 모두 대출되어 있다면, ETH 인출(Withdraw)이 안 된다.

출처: https://app.stellaxyz.io/lending

Ethereum, Arbitrum 등에서 서비스 되고 있는 Pendle Finance DApp

Pendle Finance는 Binance Lab이 투자사로 포함되어 있고, 시장에서 신뢰를 확보한 Kyber Network 출신이 창립자로 있는 Team에 의해 운영된다. Staked eth, Re-staked eth의 구조를 활용해 고정 수익, 변동 수익, Pendle인센티브, 스왑 수수료, Yield Token 수수료 등의 다양한 수익 창출 메커니즘을 통해, 예치된 ETH에 대해 수익을 제공하는 방식이다. Pendle 코인을 예치하면 APR을 Boosting할 수도 있다.

단, Staked eth, Re-staking ETH를 활용하므로, Ethereum 네트웍을 사용해야 한다는 것이다. 따라서, 예치금이 적은 경우는 수익보다 더 많은 수수료가 지출될 수 있다.

Pendle Lending APR (2024. 2 기준)

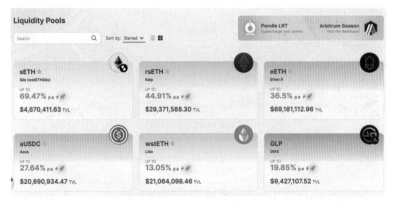

출처: https://app.pendle.finance/earn/liquidity

② ETH를 Staking하고 받는 토큰을 활용한다.

　Lido에 ETH를 스테이킹하면 stETH라는 토큰을 받게 된다. 이를 다시 Wrapping하면 wstETH라는 토큰을 받게 된다. stETH는 ETH와 동일한 가격을 유지하고, wstETH는 ETH를 staking하는 동안 받는 이자를 가격에 포함하게 된다.

　아래는 ETH가격에 대한 wstETH가격을 나타내는 그래프이다. wstETH 가격이 지속적으로 상승하고 있음을 알 수 있다. 이는 staking이자가 ETH가격에 계속 add되고 있기 때문이다.

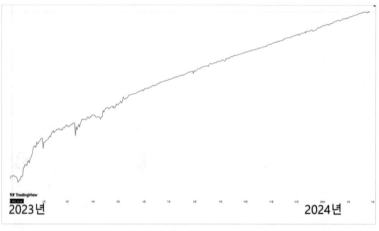

출처: https://kr.tradingview.com/chart/?symbol=UNISWAP3ETH%3AWSTETHWETH

　이러한 wstETH를 Lending에 예치하면 staking이자도 받고, Lending 이자도 받을 수 있게 된다.

또한, stETH-ETH로 Pool을 예치하거나 wstETH-ETH로 Pool을 예치하면 둘 간의 거래에서 발생하는 이자수수료를 받을 수 있다. 이처럼 ETH를 staking하고 받는 토큰을 활용하게 되면 더 높은 APR이 가능해진다. 앞에서 설명한 Pendle도 마찬가지의 경우이다.

이러한 Staking서비스는 ETH에만 있는 것이 아니다. 대부분의 Layer1 블록체인이 이러한 서비스를 하고 있다. ETH 외에 다른 Layer1 코인에서도 동일한 투자방식을 고려해 볼 수 있다.

[Layer1의 Staked Token 리스트]

Layer1 Coin	ETH	SOL	AVAX	APT	SUI	HBAR
Staked Token	sETH rETH eETH beETH etc,	sSOL jitoSOL bSOL	sAVAX	amAPT thAPT	haSUI vSUI	HBARX

[Liquidity Staking DApp List]

Name	7d Change	TVL	1m Change	1d Change	Mcap/TVL
1 Lido 5 chains	+8.92%	⑦ $29.922b	+38.69%	+2.96%	0.1
2 Rocket Pool 1 chain	+7.87%	⑦ $3.723b	+30.94%	+3.13%	0.16
3 Binance st... 2 chains	+8.74%	⑦ $2.396b	+33.71%	+3.21%	0.09
4 Mantle St... 1 chain	+16.18%	⑦ $1.588b	+105%	+2.61%	
5 StakeStone 1 chain	+11.37%	⑦ $997.62m	+50.26%	+3.61%	
6 Frax Ether 1 chain	+7.05%	⑦ $924.75m	+30.70%	+2.59%	0.99
7 Jito 1 chain	-5.25%	⑦ $837.43m	+23.47%	+0.87%	0.3
8 Swell Liqu... 1 chain	+8.98%	⑦ $760.16m	+79.35%	+3.01%	
9 Marinade ... 1 chain	-6.47%	⑦ $701.38m	+14.18%	+1.82%	
10 Stader 6 chains	+9.09%	⑦ $602.48m	+66.60%	+0.88%	0.06

출처: https://defillama.com/protocols/Liquid%20Staking

Layer 1(L1)과 Layer 2(L2)

Layer 1(L1)는 블록체인 기술의 기본 레벨로, 개별 블록체인 자체를 말한다. 이는 비트코인(Bitcoin), 이더리움(Ethereum), 솔라나(Solana), 아발란체(Avalanche), 앱토스(Aptos) 등과 같은 독립 실행형 블록체인 네트워크를 통칭해서 쓰는 말이다. Layer 1은 기본적으로 블록체인의 규칙을 설정하고, 네트워크를 통해 거래를 처리하고, 보안을 유지하는 핵심 기술이다.

Layer 2(L2)는 기본적인 Layer 1 블록체인 위에 구축된 추가적인 네트워크 레이어이다. Layer 2의 주요 목적은 Layer 1의 확장성 문제를 해결하는 것으로, 더 많은 거래를 빠르고 저렴하게 처리할 수 있게 해주므로, 수수료가 준다. Layer 2 네트워크는 대부분의 거래 처리를 Layer 1로부터 분리하여, 자체적으로 처리한 후, 정리된 결과만을 Layer 1에 기록한다. 이 과정을 통해, 네트워크의 전체적인 부하를 줄이고 처리량을 크게 늘릴 수 있다. 폴리곤(Polygon), 아비트럼(Arbitrum), 옵티미즘(Optimism), 베이스(Base) 등이 해당된다.

Stable Coin 예치 전략
: 최대 APR 실현을 위해 예치금을 이동한다.

① Arbitrum 외에 다른 네트웍에서도 AAVE을 이용한다.

AAVE는 다음과 같이 10개의 블록체인 네트웍에서 서비스를 제공한다. (Fantom과 Harmony는 서비스 중지 상태다)

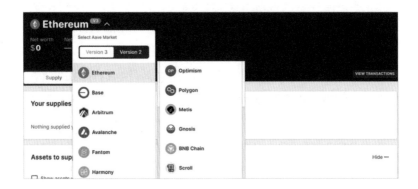

Chapter3에서는 Arbitrum 네트워크 상의 AAVE 서비스를 활용하는 방법을 다루었다. 그러나 동일한 방식으로 다양한 네트워크에서 AAVE를

이용해 USDC를 예치할 수 있다. 중요한 점은, 각 네트워크에서 제공하는 연간 수익률(APR)이 서로 다르다는 것이다. 이 차이는 각 네트워크별로 대출(Supply)과 차입(Borrow) 금액이 다르기 때문에 발생한다.

[네트워크별 USDC 예치(Deposit) 시 APR (2024.2.26 기준)]

(APR은 Supply와 Borrow 양에 따라 실시간으로 바뀐다)

Ethereum	Base	Aribitrum	Avalanche	Fantom	Harmony
9.96%	3.84%	8.45%	18.17	X	X
Optimism	**Polygon**	**Metis**	**Gnosis**	**BnB Chain**	**Scroll**
5.0%	12.30%	3.0%	3.41%	3.71%	1.69%

[네트워크별 USDC 대출(Borrowing) 시 이자율 (2024.2.26 기준)]

(이자율은 Supply와 Borrow 양에 따라 실시간으로 바뀐다)

Ethereum	Base	Aribitrum	Avalanche	Fantom	Harmony
12.3%	6.24%	15.39%	22.67%	X	X
Optimism	**Polygon**	**Metis**	**Gnosis**	**BnB Chain**	**Scroll**
7.22%	18.44	4.79%	5.11%	5.33%	3.60%

또한, 차입 시 이자율에도 차이가 있다. 이 차이를 활용하여, ETH를 예치한 후 낮은 이자율로 USDC를 대출받고, 그 USDC를 높은 APR을 제공하는 곳에 예치함으로써 이자율 차이로부터 수익을 창출할 수 있다.

이러한 방식을 '차익 거래(Arbitrage)'라고 한다. 차익 거래는 금융 시장에서 같은 자산이나 유사한 자산의 가격 차이를 이용해 이익을 얻는 거래 방식을 의미한다. 이 경우, 다른 이자율을 적용 받는 두 시장 사이에서 자금을 이동시켜, 낮은 이자율로 돈을 빌리고 높은 이자율로 돈을 예치함으로써 발생하는 이자율 차이에서 수익을 얻는다. 이는 탈중앙화 금융(DeFi) 시장에서 흔히 볼 수 있는 전략 중 하나로, 시장의 비효율성을 활용한 수익 창출 방법이다.

이런 방법의 투자를 하기 위해서는 알아야 할 것이 있는데, "브릿지(Bridge)"라는 것이다.

Bridge는 네트워크간 코인을 이동하는 것을 가능하게 해주는 서비스이지만, 반드시 안전성을 확인하고 사용해야 한다. 일부 Bridge는 예치금 규모가 많기 때문에 hacking의 대상이 되기 때문이다. 위에서 보면 Harmony 네트워이 서비스 중지되어 있는데, 그 원인은 Harmony에서 사용했던 Horizon bridge에서 발생한 hacking 때문이었다.

Blockchain Bridge에 대하여

블록체인 브리지는 실제 세계의 다리가 두 지리적 위치를 연결하는 것처럼, 두 블록체인 생태계를 연결한다. 블록체인 브리지는 한 블록체인 생태계에서 다른 생태계로 자산과 데이터를 이전하는 것을 돕는 프로토콜이다. 자산 이전을 수행하는 방법에는 두 가지가 있다 : 래핑된 자산 방식(Wrapped Asset Method)과 유동성 풀을 통한 방식(Liquidity Pool Method)이다.

래핑된 자산 방식(Wrapped Asset)에서는 블록체인 A의 비트코인(BTC) 소유자가 블록체인 B에서 동일한 자산의 상응하는 양을 받을 수 있다. 예를 들어, 사용자가 비트코인을 이더리움으로 전송하면, 브리지를 통해 비트코인이 전송되고 이더리움에서는 Wrapped BTC(WBTC), 이더리움 네트워크와 호환 가능한 ERC-20 토큰이 발행된다. 이 과정에서 비트코인은 스마트 계약에 의해 잠기고 순환에서 제거되며, 대신 WBTC가 발행된다. 원래 블록체인으로 토큰을 다시 전송할 때는 WBTC가 소각되고 사용자는 비트코인을 돌려받는다. 이러한 Bridge 서비스 때문에 다양한 네트워크에서 Bitcoin을 이용한 DeFi가 가능하다.

유동성 풀을 통한 방식(Liquidity Pool Method)에서는 다양한 자산의 유동성을 풀을 가지고 네트워크간의 자산이동을 처리한다. 예를 들어, 사용자가 아비트럼(Arbitrum)에서 옵티미즘(Optimism)으로 USDC를 이동하고 싶을 때, Cross Chain Bridge는 유동성 풀에서 자금을 할당해 사용자에게 USDC를 전송한다. 브리지는 Staking과 Farm 프로그램을 통해 유동성 풀에 자산을 USDC를 잠그고(Arbitrum에서의 USDC), 잠겨 있는 자산을(Optimism에서의 USDC) 사용하여 사용자에게 제공한다.

유동성 풀을 통한 방식, Bridge 진행 흐름

Bridge 서비스는 매우 다양하다. 다음의 몇 가지를 소개한다. 모든 Bridge는 반드시 사용하기전에 DYOR(Do Your Own Research)을 해야 한다.

 Arbitrum Bridge (https://bridge.arbitrum.io/)

Ethereum 체인과 Arbitrum 체인간의 자산을 이동시켜주는 Native Bridge이다. Deposit은 바로 되지만 Withdraw는 7일 정도의 시간이 소요된다.

 Optimism Bridge (https://app.optimism.io/bridge/deposit)

Ethereum 체인과 Optimism 체인간의 자산을 이동시켜주는 Native Bridge이다. Deposit은 바로 되지만 Withdraw는 7일 정도의 시간이 소요된다. Withdraw 시간을 줄이려면 cross-chain bridge를 사용하면 된다.

 Polygon Bridge (https://portal.polygon.technology/bridge)

Ethereum 체인과 Polygon POS, Polygon zkEVM 체인간의 자산을 이동시켜주는 Native Bridge이다. Deposit과 Withdraw 모두 보통 30분 ~ 1시간 정도의 시간이 소요된다.
이더리움 체인간의 자산 이동은 높은 가스비를 고려해야 한다.

 Stargate (https://stargate.finance/transfer)

LayerZero에서 개발 및 운영하는 cross-chain bridge이다. Arbitrum, Optimism, Polygon, Base 등 Ethereum Layer2 네트워크간 자산 이동이 가능하므로, Layer2 간의 이동이 필요할 때 사용한다.
가스비외에도 Bride할 때 별도의 fee가 있으므로 확인이 필요하다.

 Wormhole (https://connect-in-style.wormhole.com/)

Uniswap Bridge Assessment에서 채택된 Bridge 중에 하나이다. Layer2 체인뿐만 아니라, Algorand, Aptos, Solana 등의 Layer1 체인과의 자산 이동이 가능하다. Ethereum외의 Layer1으로 자산이동을 하고자 할 때 사용한다.
가스비외에도 Bridge 할 때 별도의 fee가 있으므로 확인이 필요하다.

 rhino.fi (https://app.rhino.fi/bridge)

Layer2 체인간 자산 이동에 특화된 Bridge이다. 다른 bridge보다 낮은 fee로 사용이 가능하므로, Layer2간 적은 금액을 이동시킬 때 사용하면 좋다.

② High APR을 제공하는 DApp을 이용한다.

Stable Coin에 대해서 비교적 높은 APR을 제공하는 DApp은 두가지 관점에서 찾아 보아야 한다. 첫번째는 레버리지 파밍(Leveraged Farming) 서비스이고, 두번째는 신규 블록체인에서의 대출금융(Lending)이다.

첫번째, 레버리지 파밍(Leveraged Farming)을 하기위해서 Stable Coin 에 대한 대출 수요가 높을 수 밖에 없는데, 이는 곧 Stable Coin의 공급과 수요에서 수요 비율을 올리게 된다. 이때 APR은 상승하게 되는 것이다. 특히 Bull market(강세장)에서는 Stable Coin를 빌려서 ETH 등의 Coin 에 투자를 하는 경향이 높다.

두번째, 새롭게 메인넷을 open하고 자체 코인을 발행한 신규 체인의 경우는 종종 Grant Program을 운영한다. Grant Program이란, 체인내 DApp의 기여도등에 따라 자체 코인을 제공하는 것인데, 이때 코인을 제공받은 DApp은 받은 코인을 유저들에게 Reward로 제공하게 된다. 이 는 Stable Coin의 APR을 일시적으로 상승시킨다.

▌레버리지 파밍 (Leveraged Farming) DApp사례

앞에서 소개한 Stella는 Arbitrum네트웍에서 서비스를 하는 레버리지 파밍(Leveraged Farming) DApp이고, 다음의 DeltaPrime은 주로

Avalanche네트웍에서 서비스를 하는 레버리지 파밍(Leveraged Farming)
DApp이다.

따라서, Arbitrum에서 받은 USDC.e Yield를 DeltaPrime에 예치하기
위해서는 [Bridge]를 이용해야 한다.

DeltaPrime Lending APR (2024. 2 기준)

DeltaPrime은 USDC 예치 시 20.73%, USDT 예치 시 22.63%의 APR을
제공한다.

Asset ⓘ	APR ⓘ	Pool size	Utilisation	Actions
⚫ AVAX	7.53%	183 894 $ 6,718,205.54	83.94%	⊕ ⊖ ⇄
ⓞ USDC	20.73%	8 202 160 $ 8,201,578.08	88.44%	⊕ ⊖ ⇄
ⓦ USDT	22.65%	1 814 498 $ 1,814,498.29	90.02%	⊕ ⊖ ⇄
ⓑ BTC	0.54%	133.767 $ 6,826,105.78	32.74%	⊕ ⊖ ⇄
◆ ETH	4.73%	558.609 $ 1,704,310.74	76.11%	⊕ ⊖ ⇄

Extra Finance는 Layer2인 Optimism과 Base 네트웍에서 서비스하는 레
버리지 파밍(Leveraged Farming) DApp이다. Arbitrum에서 받은 USDC.
e Yield를 Extra Finance에 예치하기 위해서는 마찬가지로 [Bridge]를 이

용해야 한다. Yield를 자주 이동하는 것이 불편하다면, Optimism 네트웍에서 DEX Pool을 운영하고, 이때 받은 USDC를 Extra Finance 예치하는 구조를 가져가는 것도 하나의 방법이다.

Ξx Extrafi Lending APR (2024. 2 기준)

Extrafi는 USDC 예치 시 18.36%의 APR을 제공한다.

Pool	APY	Total Supply	Total Borrowed	Interest Rate Model	A
USDC	0.000069%	10,309 USDC $10.3K	16.95 USDC $17		
USDC Pool #2	0.4549% + 17.06% Ex	74,252 USDC $74.3K	5,664 USDC $5.66K		
ETH	2.84%	100.19 ETH $307K	33.22 ETH $102K		
ETH Pool #2	14.9% + 2.13% Ex	908.70 ETH $2.78M	751.88 ETH $2.3M		
USDC.e	18.36% + 0.39% Ex	2,982,227 USDC.e $2.98M	2,556,008 USDC.e $2.56M		
USDC.e	5.73% + 6.44% Ex	1,500,126 USDC.e $1.5M	1,203,879 USDC.e $1.2M		

Lending Pools OP Optimism Pools ⊖ Base Pools

▌Grant Program DApp사례

   최근에 메인넷을 open하고 Grant program을 운영하는 것을 알고자 한다면, 평소에 Twitter를 이용하여 지속적으로 블록체인에 대한 소식을 접하고 있어야 한다. 메인넷을 오픈하기 전을 테스트넷이라고 하는데, 지금도 메인넷전의 테스트넷을 운영 중인 블록체인이 다수 존재한다.

   최근 메인넷을 오픈하고 Grant Program을 운영 중인 Sui Network을 소개한다.

   페이스북에서 블록체인을 개발하다 중단하였는데, 이때 나온 팀이 주축이 되어 개발한 Layer1 블록체인 네트웍이 Sui Network하고 Aptos이다. 둘 다 모두 Grant Program을 운영 중에 있다.

[Sui Network의 Grant Program 현황]

 Scallop Lending APR (2024. 2 기준) / Sui Network

   Scallop에 USDC를 예치 시, APR은 18.09%이다. APR의 구성을 보면 Sui

coin Reward가 17.8%이고, 나머지 0.2% 정도가 supply 이자이다. 이렇게 Grant Program으로 Reward가 지급되는 동안은 높은 APR이 유지될 것 이다.

직장인의
코인 안전 투자
가이드

ⓒ 박재형, 김진수, 2024

초판 1쇄 발행 2024년 3월 20일

지은이   박재형, 김진수
펴낸이   이기봉
편집   좋은땅 편집팀
펴낸곳   도서출판 좋은땅
주소   서울특별시 마포구 양화로12길 26 지월드빌딩 (서교동 395-7)
전화   02)374-8616~7
팩스   02)374-8614
이메일   gworldbook@naver.com
홈페이지   www.g-world.co.kr

ISBN   979-11-388-2854-3 (03320)